Dieses Buch gehört:

____

Sei lieb zu diesem Buch!

Mehr über die Autorin erfahren Sie unter:
www.gabygrosser.de

MIX
Papier aus verantwortungsvollen Quellen
FSC® C110508

5 4 3 2 1   20 19 18 17 16

ISBN 978-3-649-67045-2

Umschlaggestaltung: Anne Sent
Layout und Satz: Helene Hillebrand

www.coppenrath.de

Engel Elias
wünscht sich was

Acht Vorlesegeschichten von Gaby Grosser
Mit Bildern von Susanne Wechdorn

COPPENRATH

Inhalt

Engel Elias wünscht sich was

Übellaunig knetet der kleine Engel Elias den Teig für die Weihnachtskekse. „Hach, nöö“, murmelt er. „Immer nur Kekse backen, wie langweilig!“

Seit 112 Jahren ist Elias Bäckerengel. Davor hat er 317 Jahre Sterne geputzt. Das war erst recht langweilig.

„Wie gern würde ich etwas anderes arbeiten“, seufzt Elias. „In der Wunschzettelabteilung wäre es sicher nett. All die bunten Wunschzettel an das Christkind oder den Weihnachtsmann …“

Nachdenklich schiebt er sich einen Teigklumpen in den Mund. Wieso eigentlich bittet er Petrus nicht um Versetzung? Schnell formt Elias einen einzigen Riesenkeks, klatscht ihn aufs Backblech und eilt entschlossen in Petrus’ Büro.

„Halleluja!“, grüßt der kleine Engel seinen Chef. „Petrus, ich würde so gern in der Wunschzettelabteilung arbeiten!“

Petrus runzelt die Stirn. „Immer diese Versetzungsanträge … Warst du nicht erst vor 112 Jahren bei mir?“

„Hach, Petrus, bitte!“, bettelt Elias. „Ich wäre auch sooo fleißig!“ Petrus lächelt. „Hm, ich überlege es mir. Und damit ich weiß, wie ernst es dir ist, sollst du eine Aufgabe erfüllen: Fliege zur Erde und vollbringe, bevor es Nacht wird, eine gute Tat! Du darfst dich jedoch nicht als Engel zu erkennen geben.“

„Das wird leicht!“, juchzt Elias. Sehen können die Menschen ihn ohnehin nur, wenn er es selbst will. Und eine gute Tat zu vollbringen, ist für einen Engel ja wohl ein Kinderspiel!

Im Steilflug geht es zur Erde hinab. Engel Elias landet in einer großen Stadt. Lieber Himmel, hier ist was los! Der Engel entdeckt unzählige Menschen in festlich geschmückten Straßen. Er sieht umherbrausende Autos und hohe Häuser mit beleuchteten Schaufenstern. In einem Fenster steht sogar eine Weihnachtskrippe – mit Jesuskind, Maria und Josef, Ochs und Esel. Außerdem funkeln überall Kunststerne und Lichterketten. Elias grinst. Der Ärmste, der diese Glitzerdinger putzen muss!

Da bemerkt der Engel vor einem Kaufhaus einen Mann mit Rauschebart und rotem Mantel, der einen riesengroßen Sack schleppt. Er bimmelt mit einer Glocke und brummt:

„Hohoho! – Ich bin der Nikolaus
von diesem Warenhaus.
Strömt nur herein, ihr lieben Leute.
Beste Angebote gibt’s heute!“

KAUFHE

„Dem Nikolaus beim Tragen zu helfen, ist eine sehr gute Tat“, findet Elias. Er fliegt zu ihm und nimmt ihm den Sack ab. Herrje, ist der schwer!
Der Kaufhaus-Nikolaus indessen ist verwirrt, weil er Elias ja nicht sehen kann, und schreit: „Hiiilfe! Haltet den Dieb! Polizei!“
„Hach, nöö!“, quietscht der Engel, denn ins Gefängnis will er nicht. Plumps, lässt er den Sack fallen und fliegt flink wie der Wind durch die Luft davon.

Auf der Suche nach einer neuen guten Tat entdeckt Elias einen kuscheligen Hund, der am Straßenrand hockt.
„Der will sicher auf die andere Seite und schafft es wegen der Autos nicht“, vermutet Elias. „Dem werde ich helfen.“
Der Engel schnappt sich das Fellbündel und fliegt es über die Straße hinweg. Dort setzt er den Hund ab und ruft: „Überraschung!“

Der Hund jedoch knurrt: „Spinnst du? Finger weg, du durchsichtiges Geflügel!"
„Ä-ähm, Verzeihung", stottert Elias. „Ich dachte, du wolltest auf die andere Straßenseite."
„Blödsinn!", bellt der Hund, der ihn zwar nicht sehen, aber riechen kann. „Ich gehe gerade Gassi. Bring mich sofort zurück!"
Elias schleppt den Hund wieder auf die andere Seite und sieht zum Himmel. Langsam wird es dunkel.
„Hach, die nächste gute Tat muss jetzt aber schnell gehen", murmelt der kleine Engel. „Vor allen Dingen muss sie gelingen!"
Doch was ist das? In einem Kinderwagen hat Elias ein brüllendes Baby entdeckt. Seine Mutter ist schon völlig verzweifelt. Der Engel findet das wunderbar! Er würde dem Baby ein Einschlaflied singen, der Mama wäre geholfen – und er hätte seine gute Tat noch rechtzeitig vor Einbruch der Nacht vollbracht.
Elias fängt mit himmlischer Stimme zu singen an: „Schlaf, Kindlein, schlaf …", da legt ihm jemand die Hand auf die Schulter.
„Das", sagt der Sandmann ernst, „ist ja wohl meine Aufgabe! Willst du mir etwa den Job wegnehmen?" Er drängt sich vor, öffnet seine Traumsandtasche und beachtet Elias nicht mehr.

Traurig landet der kleine Engel hoch oben auf dem geschmückten Tannenbaum, der vor dem Kaufhaus steht.
„Hach, nöö“, schnieft er, setzt sich auf einen Ast und lässt die Beine baumeln. „Alles geht schief! Und gleich ist es stockfinster, die Sterne fangen zu funkeln an, und ich muss wieder in den Himmel, um weiter Kekse zu backen.“
Plötzlich fällt sein Blick durch eines der Kaufhausfenster. Was ist denn da los? Vorsichtig rutscht der Engel auf dem piekenden Tannenast an die Scheibe heran. In der Haustierabteilung steht Annalena und weint. Niemand beachtet sie.
„Hach, nöö!“, ruft Elias.
Schon springt er vom Weihnachtsbaum herab, saust durch die Eingangstür und fliegt die Rolltreppen hinauf.
Annalena schluchzt noch immer, als sie vor sich ein wunderliches Flimmern bemerkt. Sie zwinkert mit den Augen und sagt: „Ich darf nicht mit fremden Leuten reden. Aber … wer bist du?“

„Ich?“, lacht Elias und ist froh, dass das Mädchen nicht losschimpft wie der Nikolaus, der kleine Hund oder der Sandmann. „Ich bin Engel Elias …“

Er schlägt sich die Hand vor den Mund. Auweia, nun hat er sich verraten! Elias sollte doch auf Erden unerkannt bleiben. Vor Schreck wird er ganz sichtbar.

Annalena staunt: „Du bist wirklich ein Engel? Mit Engeln zu sprechen, würde mir meine Mama sicher erlauben. Aber sie ist weg. Sie hat mich mitten im Kaufhaus verloren!“

Erneut fängt sie zu weinen an.

„Warte hier! Ich suche sie“, verspricht Elias und macht sich sogleich wieder unsichtbar.

Der Engel saust aus der Zooabteilung über Kleiderständer zu den Waschmaschinen. Hier sucht keine Mama ihr Kind. Dann braust er zu den Lebensmitteln, kracht – „Hoppla!“ – gegen einen Dosenstapel und wirbelt einen Wachmann herum. Sodann düst Elias über Verkäufer und Fernsehgeräte in die Spielzeugabteilung, prallt mit dem Kaufhausdetektiv zusammen und wirft – „Aua!“ – noch einen Weihnachtsbaum um.

Doch nirgendwo findet er eine Mama, die nach ihrem Kind sucht! Wo kann Annalenas Mutter bloß sein? Plötzlich hört Elias eine Lautsprecherdurchsage:

„Hallo, ihr lieben Leute,
kauft in diesem Kaufhaus heute!
Denn nur hier gibt es den Sonderpreis –
von Aaauto bis Zzzitroneneis …“

In diesem Moment hat der kleine Engel eine Idee! Elias fliegt zu dem Mikrofon und macht ebenfalls eine Durchsage:

„Hallo, ihr lieben Leute!
Es sucht in diesem Kaufhaus heute –
die Annalena ihre Mutter.
Sie wartet lieb beim Hundefutter!"

Dann geht alles blitzartig. Annalenas Mutter rennt mit wehendem Mantel in die Haustierabteilung und ruft: „Meine Kleine, ich habe dich so vermisst! Wie klug von dir, einen Verkäufer zu fragen, ob er eine Lautsprecherdurchsage machen kann."
Annalena kichert: „Ne-nee, Mama, das mit der Durchsage war der Engel Elias!"
Die Mutter schüttelt ungläubig den Kopf, aber das sieht Elias nicht mehr, denn er saust schon himmelwärts. Doch … es ist zu spät: Zwischen den Wolken blitzt bereits der erste Stern. Und verraten hat Elias sich in seinem Eifer auch!
Petrus jedoch schmunzelt nur und sagt: „Engel haben's eben auch nicht leicht! Ich denke, dass du in der Wunschzettelabteilung gute Arbeit leisten wirst!"
Nun sitzt Elias vor einem riesigen Wunschzettelberg. „Haha!", lacht er. „Das ist der Wunschzettel von Lea. Sie wünscht sich …! Was? Du möchtest wissen, was Lea schreibt? Hach, nöö, das fällt doch unters Postgeheimnis!"
So liest der kleine Engel Wunschzettel für Wunschzettel …
und wer weiß, vielleicht liest er auch gerade deinen?

Das verschwundene Christkind

Engel Elias arbeitet nun schon das zweite Jahr in der himmlischen Wunschzettelabteilung. Gerade legt er den allerletzten Wunschzettel in das Postkörbchen mit der Aufschrift „Kuscheltiere“, da poltert Botenengel Berti herein.

„Fröh-hö-liche Weih-nacht üüü-ber-all …“, singt er, überreicht Elias einen Brief und saust wieder davon.

Verblüfft nimmt Elias das zerknitterte Blatt und liest.

„Herrje!“, murmelt er dann. „Heute ist schon Heiligabend. Da kann nur noch einer helfen …“

Er flitzt in Petrus’ Büro, ruft: „Chef, ich habe einen ganz schwierigen Fall!“ – und reicht ihm den Brief.

> Liebes Christkind, lieber Weihnachtsmann!
> Eben wollte ich meine Krippe aufbauen.
> Doch stellt euch vor: Das Christkind ist weg!
> Wie soll ich denn jetzt Weihnachten feiern?
> Euer Moritz

„Der Brief kommt zwar spät“, überlegt Petrus, „aber wir sollten Moritz trotzdem helfen.“

„Genau“, nickt Elias. „Das ist nämlich kein Wunschzettel-Wunsch, sondern ein Hilferuf!“

„Elias, magst du vielleicht zur Erde fliegen und das verschwundene Christkind suchen?", fragt Petrus schmunzelnd. „Aber – bitte! – bleibe unsichtbar. Und sieh zu, dass du zur himmlischen Bescherung zurück bist!"
„Alles klar!", strahlt der Geheimengel und saust davon.

Pfeilschnell rast Elias durch dicke Wolken hindurch, über Länder und Städte hinweg. Er braust durch weihnachtlich geschmückte Straßen und schlüpft schließlich in ein Kinderzimmer.
Dort hockt Moritz traurig vor seiner Weihnachtskrippe. Alle Figuren sind da: Maria und Josef, ein Esel und ein Hirte, Schafe, ein Engel und sogar die Heiligen Drei Könige. Nur das Christkind fehlt!
Unsichtbar schleicht Elias an Moritz heran, da stürmt mit einem Mal ein kleiner Hund auf den Engel zu.

„Hau ab, du durchsichtiges Huhn! Hier wohne ich!“, kläfft der Terrier frech.
„Ruhig, Charly“, sagt Moritz noch, doch im selben Augenblick hat der wild knurrende Terrier Elias schon gepackt.
„Lass mich los!“, schimpft Elias – und aus seinem zarten Flimmern wird ein deutlich sichtbarer Engel!
Moritz schluckt. „Charly, lass ihn los, den … ähm – was bist du?“
Elias seufzt. „Ich bin der Weihnachtsengel Elias und will dir helfen, das Christkind wiederzufinden!“
„Prima!“, ruft Moritz und berichtet, dass bereits seine Uroma mit der verschwundenen Figur Weihnachten gefeiert hat. Ansonsten sei sie aus Holz, nicht zu groß und nicht zu klein, einfach genau passend. „Kannst du mir wirklich helfen?“, fragt er hoffnungsvoll.
„Versprochen!“, grinst Elias. Er fliegt einen großen Bogen um Charly und durchsucht zuerst die Wohnung. Doch vom Christkind fehlt jede Spur! Elias überlegt. „Ich könnte ein neues besorgen. Und ich weiß auch schon, wo!“

Der einfallsreiche Engel saust zum Kaufhaus. Von Weitem sieht er, wie ein Verkäufer die riesigen Glastüren schließen will, weil soeben Feierabend ist. Im letzten Moment schlüpft Elias an ihm vorbei.
„Na bitte! So habe ich mir das gedacht“, murmelt Elias, denn gleich bei den Rolltreppen steht in der Weihnachtsabteilung eine wunderbare Krippe! Mit einer Maria, einem Josef und einem etwas sonderbaren Jesuskind aus schweinchenrosa Plastik!

Das kommt schon mal nicht infrage. In einer anderen Krippe liegt auch ein Christkind, aber das ist zu groß. Das nächste ist zu klein und sowieso sehen alle viel zu neu aus.
‚Da werd ich mich wohl weiter umsehen müssen', denkt Elias.

Als Nächstes fliegt der kleine Engel über den Weihnachtsmarkt. Dort gibt es ebenfalls Krippenfiguren zu kaufen. Aber die Stände sind bereits geschlossen.
„Hach, nöö!", mault Elias. „Bestimmt sind die Verkäufer schon nach Hause gegangen, um Weihnachten zu feiern."
Doch was ist das? Neben dem riesigen Weihnachtsbaum in der Mitte des Marktes steht eine wunderschöne Holzkrippe. Dieses Christkind ist vielleicht ein klitzekleines bisschen zu groß …
„Aber besser als nix", findet der Engel.
Gerade will er sich das Jesuskind ausleihen, als ein wütendes „Iah!" ertönt. Erstaunt dreht Elias sich um. Da steht tatsächlich ein Esel!

„Finger weg, du Flimmerzeug! Das gehört dir nicht!", schimpft der. „Ich pass hier auf und rufe gleich die Polizei!"
Elias überlegt: Ein Engel hinter Gittern wäre gar nicht gut.
„Keine Panik", sagt er daher zu dem Esel. „Ich bin schon weg!"
Und – schwupp! – fliegt er davon.

Langsam wird es dunkel. „Heiliger Bimbam, die Zeit wird knapp!", seufzt Elias, als er an einem Kirchturm vorbeifliegt. Da fällt ihm ein, wo er sich doch noch ein Christkind leihen könnte!
Leise betritt der Engel die Kirche. Viele Menschen sind bereits zum Weihnachtsgottesdienst eingetroffen.
Elias sieht sich um ... und grummelt: „Hach, verflixt, wieder nix!"
In dieser Kirche ist nämlich gar keine Krippe aufgebaut. Dafür findet ein Krippenspiel statt – mit verkleideten Kindern! Auch hier gibt es eine Maria, einen Josef und ein Baby!
„Wie schön", wundert sich Elias. „Dieses Christkind ist echt!"
Es ist Inas neugeborener Bruder, der fröhlich strampelnd in der Krippe liegt. Elias beginnt zu kichern. Da wäre Moritz sicher erstaunt, wenn er ihm den Kleinen unter den Weihnachtsbaum legen würde. Aber dann wäre Ina bestimmt traurig.
Elias wartet noch den Auftritt der Heiligen Drei Könige ab, dann fliegt er weiter.

Es ist fünf, als Elias wieder bei Moritz ankommt – ohne Christkind. Überall ist jetzt Bescherungszeit. Nur bei Moritz nicht!

„Wir müssen noch warten“, erklärt der Junge gerade seiner Mama. „Engel Elias hat versprochen, das Christkind vorbeizubringen!“

„Na gut“, sagt Mama verwundert. „Warten wir noch ein paar Minuten. Ich seh mal nach der Weihnachtsgans im Backofen.“

„Oh-Gott-oh-Gott, gleich wird Moritz enttäuscht sein“, seufzt Elias. Mit hängenden Flügeln hockt der Engel auf der Schaukel im verschneiten Garten. „Dass mein Erdeneinsatz sooo schwierig sein würde, hätte ich nicht gedacht! Ob ich den Himmel um ein winzig kleines Weihnachtswunder bitten soll?“, überlegt er. Plötzlich flitzt ein Schatten an ihm vorbei.

„Wer ist denn das?“, wundert sich der Engel und saust blitzschnell hinterher.

Da entdeckt er Charly, den Terrier. Gut gelaunt rennt er durch den Schnee, im Maul trägt er etwas Glitzerndes. Damit verschwindet er unter einer Tanne. Das muss Elias sich genauer ansehen. Neugierig linst er unter die Zweige.

„Sieh an, Besuch!“, bellt Charly, als er den Engel wittert. „Du willst wohl meine Schätze klauen, was?“
Elias staunt. Rund um den Baumstamm hat Charly das reinste Warenlager zusammengetragen! Wahrlich wunderliche Dinge liegen hier: von Kauknochen und alten Pantoffeln über Glitzer-Christbaumschmuck bis zur Hundeleine. Und dazwischen entdeckt Elias … das verschwundene Christkind!
„Das gehört Moritz“, sagt der Engel und schnappt es sich.
„Jetzt gehört es mir“, behauptet der kleine Terrier – und schnappt sich den kleinen Engel.
„He, lass das!“, ruft Elias. „Du reißt mir ja ein Loch ins Hemd!“
„Nein, lass du das!“, bellt Charly.
„Du hast das Christkind gestohlen!“, ächzt Elias und umklammert mit beiden Händen die Holzfigur.
„Du lügst!“, blafft Charly. „Ich hab’s gefunden!“
„Aber ohne das Christkind kann Moritz doch nicht Weihnachten feiern!“
„Pffft!“, macht der Terrier. „Ist mir egal.“
„Ich weiß was“, sagt Elias atemlos. „Wir machen einen Handel: Du bekommst etwas, das dir viel besser gefällt! Dafür behalte ich das Christkind.“

Einen Moment starrt der Hund den Engel misstrauisch an. Doch seine Neugier siegt. „Na schön“, knurrt er schließlich.
„Komm mit!“, ruft der Engel. Zusammen schleichen sie in die Küche, wo der Gänsebraten schon köstlich duftet.
„Mach schnell – bevor Frauchen kommt!“, zischt Charly, der kapiert, was Elias vorhat.
Der Engel grinst breit und greift zum Messer …

Als Moritz endlich mit seiner Familie das festlich geschmückte Wohnzimmer betritt, achtet er weder auf den wunderschönen Weihnachtsbaum noch auf die Geschenke. Sofort stürmt er zur Krippe – und lacht glücklich! „Siehst du, Mama: Mein Christkind ist wieder da!“ Und weil Moritz überzeugt ist, dass Elias sich hier irgendwo versteckt hat, ruft er: „Vielen Dank, lieber Engel!“
Kurz darauf stellt Mama noch ein Weihnachtswunder fest: Das verschwundene Christkind ist zwar wieder da, dafür fehlt nun … eine Gänsekeule!

„Puh, geschafft“, frohlockt Elias. Jetzt wird es aber wirklich Zeit, endlich wieder in den Himmel zurückzukehren. Im Eiltempo geht es durch leere Straßen, über Städte und durch die Wolken …
Pünktlich trifft Elias zur himmlischen Weihnachtsfeier ein.
„Wie war dein Erdeneinsatz?“, fragt Petrus prompt.

„Anstrengend, aber erfolgreich!“, japst Elias außer Atem – und grinst, weil er an die Gänsekeule für Charly denkt. „Nur das mit dem Geheimengel kriege ich noch nicht so richtig hin!“
Da lacht Petrus schallend. „Bestimmt klappt es bei deinem nächsten Erdeneinsatz besser. Alle müssen anfangs üben. Sogar … kleine Engel!“

Die vertauschten Weihnachtsgeschenke

In der Wunschzettelabteilung herrscht großes Durcheinander. Die Engelchen fliegen aufgeregt hin und her, denn sie haben noch sooo viel zu tun, bevor Christkind und Weihnachtsmann die fertigen Geschenke zur Erde bringen können. Nur Elias hat einen aufgeräumten Schreibtisch. Alle Wunschzettel hat er gelesen, sortiert und an die himmlische Geschenkabteilung weitergeleitet.
„Hach … schön!“, seufzt er.
„Wenn du so weiterträumst, machst du bestimmt noch etwas falsch und wirst zur Strafe zu den Sternenputzern versetzt!“, neckt ihn Engel Konstantin.
„Bei mir gibt’s keine Fehler“, behauptet Elias grinsend, „weil ich nämlich längst mit meiner Arbeit fertig bin und mich in Ruhe auf die himmlische Weihnachtsfeier freuen kann!“
Im selben Moment rauscht Engelchen Marie herein.
„Elias!“, ruft sie. „In der Verpackungsabteilung haben wir zwei Geschenke und wissen nicht, wer sie bekommen soll. Es geht um eine Autorennbahn und eine Tabakspfeife!“
Elias schaut die Wunschzettel durch, die einen Erledigt-Stempel tragen. „Also, die Pfeife ist für Opa Emil in der Kastanienallee 7 und die Rennbahn für Luisa – auch in der Kastanienallee, aber in Haus Nummer 3. Beide in Himmelshausen.“
„Vielen Dank“, lächelt Marie und sieht sich um. „Ach, hier in der Wunschzettelabteilung würde ich auch gern arbeiten …“

LUISA
OPA
EMIL

Und während sie Elias anstrahlt, nimmt sie den Geschenkanhänger für Opa Emil und hängt ihn an das Paket mit der Rennbahn. Den Anhänger für Luisa klebt sie an das Päckchen mit der Pfeife.
Da stürmt Botenengel Berti herein, stoppt schwungvoll vor Elias' Schreibtisch und schnauft erleichtert: „Hier seid ihr! Der Weihnachtsmann startet in wenigen Minuten!" Und noch ehe Elias oder Marie etwas sagen können, ist er mit beiden Geschenken unterm Arm verschwunden.
Plötzlich wird Marie blass um die Nase: „Oh nein, Elias! Jetzt habe ich die Tabakspfeife aus Versehen an Luisa und die Rennbahn an Opa Emil geschickt! Das gibt bestimmt Ärger. Was, wenn ich zu den Sternenputzern versetzt werde?"
Nun wird auch Elias blass. Bei den Sternenputzern ist es ziemlich langweilig. Er muss es wissen, denn immerhin hat er 317 laaange Jahre dort gearbeitet.
„Komm mit", sagt er nur. Sogleich sausen sie Berti hinterher. Doch als sie ihn am Himmelstor eingeholt haben, ist er allein.
„Wo ist der Weihnachtsmann?", ruft Elias schon von Weitem.
„Der ist auf dem Weg zur Arbeit", antwortet Berti zufrieden, „samt Schlitten, Rentieren und Geschenken."
„Herrje", jammert Marie. „Luisa und Opa Emil werden ganz schön enttäuscht sein, wenn sie ihre Päckchen auspacken!"
„Marie, keine Sorge", sagt Elias. „Ich fliege dem Weihnachtsmann hinterheeeeeeer …"

„Ist doch babyleicht!“, japst Elias im Sturzflug. „Ich hole den Weihnachtsmann ein, tausche die Geschenkanhänger und zur himmlischen Weihnachtsfeier bin ich wieder zurück!“
Er schaut sich suchend um und entdeckt vom Weihnachtsmann … nicht die klitzekleinste Spur.
„Heiliger Bimbam!“ Elias überlegt. „Wo in all den Ländern und Städten beschert der Weihnachtsmann wohl zuerst?“
In dem Augenblick erspäht er am Horizont den Weihnachtsstern. Ihm folgt der Weihnachtsmann! Na klar, das hat der Engel doch in der Schule gelernt.
„Juchhuuu, ich bin ein Glücksengel“, jubelt er und ruft: „He, Weihnachtsmann! Stopp mal!“
Aber das Rentiergespann fliegt einfach weiter.
Also brüllt Elias lauter: „Halt endlich an, du Weihnachtsmann!“
Da taucht unter ihnen eine Stadt auf. Weihnachtsmann, Schlitten und Rentiere sind blitzartig verschwunden.
„Das gibt’s doch gar nicht!“, murmelt Elias. „Er ist … weg! Was mach ich nun?“
Der kleine Engel beschließt, über die Dächer der Stadt zu fliegen, weil der Schlitten ja irgendwo parken muss. Und tatsächlich: Auf einem Wohnhaus steht er!
„Das war ja kinderleicht“, freut sich Elias. „Jetzt muss ich bloß noch die Geschenkanhänger tauschen.“
Entschlossen landet der Engel auf dem Schlitten.
„He, darfst du das?“, fragt plötzlich jemand.
Hinter Elias steht Rudi, das Rentier.
„Ich will nur kurz was tauschen!“, erklärt Elias eifrig.

„Meinetwegen“, nickt Rudi. „Aber vorher fragst du meinen Chef!“
„Na gut.“ Der Engel gibt klein bei, marschiert munter zum Schornstein und springt hinein. Denn was der Weihnachtsmann kann, kann Elias schon lange, oder?
Kurz darauf hört man ihn schimpfen: „Heiß … verflixt! Mein Popo, aua!“ Bevor Schlimmeres passiert, hüpft Elias aus dem Kamin. Jetzt sieht er aus wie ein Schornsteinfeger mit Flügeln.
„Weihnachtsmann, bist du da?“, flüstert der zerzauste Engel.
Trotz Finsternis erkennt er einen festlich geschmückten Tannenbaum. Darunter liegen Geschenke. Doch vom Weihnachtsmann fehlt jede Spur! Auf einmal schaltet jemand das Licht ein. So schnell kann sich Elias gar nicht unsichtbar machen, wie ein Mädchen vor ihm steht und ihn gespannt anstarrt.

„Leonie, es soll vorgekommen sein, dass neugierige Kinder den Weihnachtsmann verscheucht haben!", ertönt Mamas Stimme aus der Küche. „Komm sofort raus aus dem Wohnzimmer! Und wieso zieht's hier so? Hast du etwa das Fenster aufgemacht?"
„Ist der Weihnachtsmann schon weg?", fragt Leonie den Engel.
„Ja klar!", mault Elias. Dann sagt er ein bisschen netter: „Aber deine Geschenke sind bereits da. Fröhliche Weihnachten!" Eilig dreht er sich um und verschwindet durchs offene Fenster.

Wieder auf dem Dach ist der Weihnachtsmann samt Schlitten und Rentieren natürlich längst weg. Der Weihnachtsstern ist auch nirgends zu sehen. Dichte Wolken bedecken den Himmel und es schneit in großen Flocken.
„Hach, nöö", jammert Elias. „Wie soll ich denn den Weihnachtsmann bei diesem Schneesturm jemals wiederfinden?"
Da entdeckt er auf einem Weg Schlittenspuren. Ob die vom Weihnachtsmann stammen? Eifrig folgt der Engel den Spuren in einen verschneiten Winterwald – bis zu einer Futterkrippe.

Dort sieht er auch den Schlitten. Allerdings ohne Rentiere, dafür mit einem Pferd. Und der Mann, der gerade frisches Heu in die Krippe gefüllt hat, trägt zwar einen Bart, aber keinen roten Mantel.

„Der sieht ja noch wunderlicher aus als ein Kaufhaus-Nikolaus!", stellt Elias fest.

„Beleidigst du etwa unseren Förster, du komischer Glitzergeier?", grunzt da jemand streng.

„A-auf keinen Fall", stammelt Elias erschrocken.

„Dann geh an deine eigene Futterkrippe!", sagt das Wildschwein.

„N-na gut!", stottert der Engel. „Aber ich bin kein Glitzergeier!"

Inzwischen hat es aufgehört zu schneien. Suchend fliegt Elias umher. Plötzlich erkennt er durch ein Löchlein in der Wolkendecke den Weihnachtsstern. Der steht bereits über der nächsten Stadt. Doch vom Weihnachtsmann fehlt jede Spur!

Da hat der Engel eine Idee: „Ich suche ein Dach mit Schnee, auf dem keine Schlittenspuren sind. Demnach muss der Weihnachtsmann dort noch vorbeikommen!“

Gesagt, getan! Elias findet ein Haus mit flachem Dach – ohne Schlittenspuren. Am Rand steht ein Schild: Hubschrauber-Landeplatz! Dahinter ist eine Glastür mit einem Fahrstuhl. Und weil dem Engel das Warten zu langweilig ist, fährt er einige Etagen hinab, betritt einen Gang und öffnet neugierig eine der vielen Türen. In dem Zimmer steht ein Bett, darin liegt ein Junge.

„Oh, ich mag Besuch!“, lächelt Jan müde. „Besonders vom Weihnachtsmann und seinen Glitzerengeln!“

„Der Weihnachtsmann war schon hier?“, fragt Elias entsetzt.

„Sicher“, nickt Jan. „Als ich aufgewacht bin, lag da ein Geschenk.“

„Aber auf dem Dach gibt’s keine Schlittenspuren“, mault Elias.

„Vielleicht weil der Rettungshubschrauber sie verweht hat?“, kichert Jan. „Schließlich ist dies ein Krankenhaus.“

„Na, dann … gute Besserung! Und fröhliche Weihnachten!“, wünscht Elias knapp und saust durchs Fenster davon.

„Verflixt, wieder nix!“, jammert der Engel. Sein unfreiwilliger Erdeneinsatz dauert nun doch recht lang. „Wenn Petrus merkt, dass ich heimlich zur Erde geflogen bin. Hach, nöö! Das gibt Ärger!“
Mit einem Mal erstrahlt neben einem Feld ein geheimnisvolles Lichterband. „Seltsame Weihnachtsbeleuchtung!“, rätselt Elias, bis er den Radarturm vom Flughafen sieht. In dem Moment weiß der Engel, wie er den Weihnachtsmann finden kann! Er klettert durch ein Fenster und schaut sich um. An einem Pult mit mehreren Bildschirmen sitzt eine junge Frau.
„Ob ich die mal fragen kann? Allerdings … auf Erden soll ich ja unsichtbar bleiben“, grummelt Elias.
„Unsichtbarrr?“, schnarrt Riko, der Papagei. Er hockt auf seiner Stange und blickt den Engel mit schief gelegtem Kopf an. „Ich hab dich längst auf dem Radarrrschirm gesehen. Ziemlich mutig von dirrr, vor einem Flugzeug herrrzufliegen!“
„Kleinigkeit!“, grinst Elias. „Aber sag mal, kann man mit diesem Radar auch den Weihnachtsmann mit seinem Schlitten sichten?“
Der Papagei streckt seine Flügel. „Derrr Weihnachtsmann ist für die Messgeräte viiiel zu schnell!“, krächzt er schließlich.
„Hach, jetzt ist alles aus!“ Geknickt lässt Elias den Kopf hängen. „Ich könnte höchstens direkt zu Luisa und Opa Emil fliegen. Aber bis zur Kastanienallee in Himmelshausen ist es bestimmt weit!“
„Wieso?“, unterbricht ihn der Papagei. „Du bist doch längst in Himmelshausen und die Kastanienallee liegt gleich um die Ecke!“

Pfeilschnell fliegt Elias zur Kastanienallee Nummer 7. Auf dem Dach sind Schlittenspuren zu sehen. Der Weihnachtsmann war also schon da!
„Jetzt bleibt mir nur eine Chance“, schnauft Elias atemlos. „Ich muss die Geschenke heimlich tauschen! Vielleicht haben Luisa und Opa Emil sie noch gar nicht geöffnet.“
Neugierig linst Elias durch ein Fenster. In Opa Emils Wohnung steht eine Dame vorm Spiegel und bewundert ihre neue Halskette. Am Esstisch sitzen Opa Emils erwachsene Kinder. Und auf dem Teppich, gleich neben dem Weihnachtsbaum …
Elias traut seinen Augen nicht, denn die Rennbahn ist längst im Wohnzimmer aufgebaut!
Und Opa Emil schwärmt selig: „Da muss ich sooo alt werden, bis ich endlich eine eigene Autorennbahn bekomme! Das ist seit achtzig Jahren mein schönstes Weihnachtsgeschenk!“

Verblüfft fliegt Elias weiter zu Luisa in die Kastanienallee Nummer 3. „Hat hier ein Wirbelwind gewütet?“, murmelt er, als er durchs Fenster schaut.

Im ganzen Wohnzimmer verstreut liegen wild aufgerissene Geschenke, Buntstifte und Papierknäuel. Sogar ein Puppenwagen ist umgestürzt. Da entdeckt Elias Luisa. In der Hand hält sie … die Tabakspfeife!

„Gestatten, Luisa Holmes, die weltberühmte Ermittlerin!“, sagt sie zu einer Frau. „Sind Sie die Einbrecherin, die mir mein schönstes Weihnachtsgeschenk klauen wollte?“

„Ich tu's nie wieder!“, verspricht die Frau, die eigentlich Luisas Mama ist. „Bestimmt!“

„Gut so!“, nickt Luisa und saugt detektivmäßig an ihrer Pfeife. „Sonst muss ich Sie nämlich verhaften! Und jetzt … räumen Sie zur Strafe mal hier auf!“ Damit stürzen sich Mutter und Tochter lachend ins Durcheinander.

„Na dann“, lächelt Elias, „hab ich hier nichts mehr zu tun!“

Am Himmelstor wartet Marie schon ungeduldig auf Elias. „Ich hab mir solche Sorgen gemacht!“, sagt sie.

„Wirklich?“, grinst der Engel. „Dabei hat alles wunderbar geklappt, obwohl ich den Weihnachtsmann nicht eingeholt habe. Aber Luisa und Opa Emil sind vollkommen zufrieden mit ihren vertauschten Weihnachtsgeschenken!“

„Ein Glück!“, juchzt Marie.

Stürmisch fliegt sie Elias um den Hals und gibt ihm einen dicken Schmatzer auf die Wange. Elias wird knallrot!
Plötzlich ertönt hinter ihnen ein Räuspern.
„Na, ihr zwei?“, schmunzelt Petrus.
Die beiden Engelchen fahren auseinander und blicken ihren Chef unschuldig an.
„Elias, du siehst so … zerzaust aus. Hast du mir etwas mitzuteilen?“, fragt Petrus neugierig.
„Nö“, antwortet Elias, „alles ist in bester Ordnung.“
„Dann“, lacht Petrus augenzwinkernd, „können wir ja endlich zusammen Weihnachten feiern!“
Flink sausen die zwei Engel ins himmlische Bescherungszimmer.
„Weißt du eigentlich, dass Weihnachten das Fest der Liebe ist?“, flüstert Elias Marie ins Ohr.
Marie blickt ihn an … und kichert verschmitzt!

Das kaputte Weihnachtskarussell

Ein Jahr ist ins Land gegangen. Nun freuen sich besonders zwei Engelchen auf die bevorstehende Adventszeit.
Als Petrus die Wunschzettelabteilung betritt, sitzt Elias erwartungsvoll an seinem blitzblank aufgeräumten Schreibtisch. Und neben ihm sitzt … Marie!
„Halleluja!“, grüßt Elias. „Petrus, vielen Dank, dass du Marie hierher versetzt hast. Sieh mal, wir sind sogar schon startklar für unseren groooßen Weihnachtseinsatz!“
In dem Moment saust Botenengel Berti herein und überreicht Elias einen Brief. „Tataaa!“, ruft er. „Hier kommt der erste Wunschzettel des Jahres.“
Marie lächelt. „Na, so was, da freut sich ein Kind aber ganz besonders auf Weihnachten.“
Schwungvoll zieht Elias ein eng beschriebenes Blatt aus dem Umschlag und staunt. „Der Brief ist von … einem Erwachsenen!“
„Das“, brummt Petrus, „kommt selten vor. Und meistens wird die Wunscherfüllung sehr, sehr schwierig. Elias, lies mal vor!“

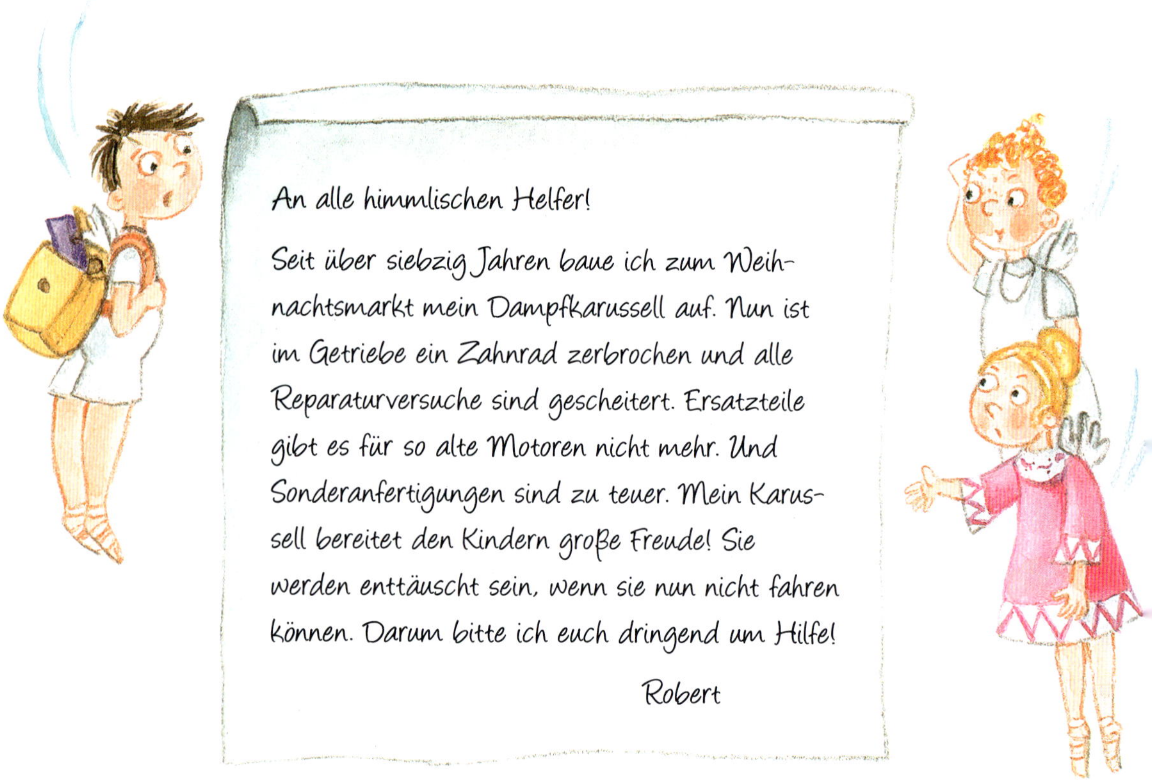
An alle himmlischen Helfer!

Seit über siebzig Jahren baue ich zum Weihnachtsmarkt mein Dampfkarussell auf. Nun ist im Getriebe ein Zahnrad zerbrochen und alle Reparaturversuche sind gescheitert. Ersatzteile gibt es für so alte Motoren nicht mehr. Und Sonderanfertigungen sind zu teuer. Mein Karussell bereitet den Kindern große Freude! Sie werden enttäuscht sein, wenn sie nun nicht fahren können. Darum bitte ich euch dringend um Hilfe!

Robert

Berti räuspert sich. „Können wir denn so etwas Riesiges überhaupt wieder reparieren?"
„Ich fürchte nein", antwortet Petrus und runzelt besorgt die Stirn. „Zumindest nicht in so kurzer Zeit."
Entsetzt schnauft Marie: „Aber was ist dann nur mit all den Kindern? Die werden so traurig sein!"
Die Engel sehen sich ratlos an, bis Petrus plötzlich zu schmunzeln beginnt und zu Elias blickt.
„Ich schätze, das ist wieder einmal ein Fall für unseren kleinen Geheimengel", sagt er und grinst bis über beide Ohren. „Elias, du fliegst zur Erde und überlegst dir eine Lösung für Roberts Problem."

Dann klopft er Elias auf die Schulter. „Immerhin hast du bei deinen Erdenbesuchen bewiesen, dass du das kannst!“
„Alles klar, Chef!“, antwortet Elias zackig. Er zwinkert Marie zum Abschied zu – und fliegt los.

Bald darauf steht Elias vor einem wunderschönen Karussell. Unter dem spitzen Dach hängen an Stangen gesattelte Seepferdchen, Meerjungfrauen, Möwen, Seelöwen und Delfine. Mittig befindet sich Neptun, der Gott der Meere, mit seinem Zepter, umkränzt von mächtigen Orgelpfeifen.
„Hach, ist das schöööön!“, schwärmt der Engel und flimmert freudig eine winzige Sekunde lang.
„Wie himmlisch!“, tönt da eine tiefe Stimme. Sie kommt von einem graubärtigen Mann, der vor dem Getrieberaum, dem Karussellmittelpunkt, hockt. Er wischt sich über die Augen und murmelt: „Jetzt seh ich es schon flimmern. Ich brauche eine Brille!“
„Hach, nöö“, verneint Elias. Kurzerhand macht er sich sichtbar. „Das war ich! Gestatten: Engel Elias.“
Augenblicklich überzieht Roberts Gesicht ein Strahlen. „Du heiliger Strohsack, ein … Engel?“, ruft er ungläubig.
„Klar“, antwortet Elias lässig, „und zwar ein waschechter.“
Robert springt auf. „Wir haben keine Zeit zu verlieren“, erklärt er. „Morgen beginnt der Weihnachtsmarkt, dann muss mein Karussell startklar sein.“ Er öffnet das Türchen zum Getrieberaum und deutet hinein. „Um dieses Teil hier geht’s!“

Elias erkennt ein rostiges Zahnrad, aus dem ein Stück herausgebrochen ist. „Ähm, ja“, druckst der Engel herum. „Robert, zuerst die schlechte Nachricht: Auch der Himmel muss so ein Zahn-Dings bestellen. Das dauert!“

„Du hast kein Ersatzteil dabei?“ Robert wird blass. „Oh nein, der Himmel war meine letzte Hoffnung. Nun ist alles aus!“

Kopfschüttelnd sagt Elias: „Die gute Nachricht ist, dass ich dir ab jetzt helfe. Hast du Familie?“

„Ja“, sagt Robert, „einen Sohn.“

„Super“, freut sich Elias. „Den bitten wir um Hilfe.“

„Auf keinen Fall!“, widerspricht Robert. „Für Achim bin ich bloß ein wunderlicher Kauz. Er will seit Langem, dass ich das Karussell endlich verschrotte und mich zur Ruhe setze. Niemals darf er etwas von meinem Problem erfahren! Außerdem wohnt er mit seiner Familie gar nicht hier in dieser Stadt“, ergänzt er.

„Herrje“, murmelt Elias. „Petrus hat recht: Erwachsene sind wirklich ganz schön schwierig!“

In dem Moment ertönt vor dem Karussell eine Kinderstimme: „Mama, wenn der Weihnachtsmarkt anfängt, will ich auf dem süßen Delfin reiten!“

Verzweifelt stöhnt Robert auf.

Elias denkt inzwischen nach. Wenn er Roberts Sohn nichts verraten darf, dann aber vielleicht …

„Ich hab da eine Idee!“, ruft er und ist bereits unterwegs.

Schon ist der Engel auf dem Weg. In einem verschneiten Tal fliegt er zu einem Haus, schaut durchs Fenster und lächelt: Er hat das Kinderzimmer von Jens, Roberts Enkel, gefunden. Unbemerkt schlüpft Elias hinein, da krabbelt Jens gerade ins Bett. Seine Mama küsst ihn – und schaltet das Licht aus.
Der pfiffige Engel starrt ungeduldig in die Dunkelheit. ‚Wo bleibt er denn?', denkt er, da betritt endlich der Sandmann den Raum, greift in seine Tasche und pustet Traumsand über das Kinderbett.
„Toller Trick für schöne Träume", lacht Elias.
Der Sandmann wirbelt herum. „Lieber Himmel!", ruft er erschrocken und: „Dich kenn ich doch …"
„Klar", schmunzelt Elias, „von meinem ersten Erdeneinsatz! Da haben wir prima zusammengearbeitet. Und jetzt …" Grinsend erklärt er dem Sandmann sein Anliegen.

Am nächsten Morgen hocken Elias und der Sandmann unsichtbar auf dem Küchenschrank und lauschen gespannt.
„Ich habe heute Nacht von Opa Robert geträumt", erzählt Jens aufgeregt. „Er hat gesagt, dass er mich sehen will, bevor ich sooo groß werde, dass er mich nicht mehr wiedererkennt!"
Papa Achim stutzt. „Merkwürdig", sagt er. „Ich habe auch von ihm geträumt! Nur dass er in meinem Traum Probleme mit seinem Karussell hatte und dringend Hilfe brauchte!"
„Das ist seltsam", findet Mama Anna. „Denn ich habe geträumt, dass wir ans Meer reisen und Opa Robert besuchen!"

Jens rutscht unruhig auf seinem Stuhl hin und her. „Mama, Papa, das ist ein Zeichen! Opa braucht uns! Lasst uns …“
Leider können Elias und der Sandmann nicht länger zuhören, denn am Fenster erscheint der aufgeregt winkende Botenengel Berti. Draußen berichtet er: „Wir haben einen Notfall! Petrus hat übers Erdenfernrohr gesehen, dass Robert sein Karussell höchstpersönlich anschieben will. Das ist doch viel zu schwer für ihn! Wir müssen ihm helfen. Marie ist bereits da.“

Elias, Berti und sogar der Sandmann sausen sogleich los. Und tatsächlich: Der Weihnachtsmarkt hat soeben eröffnet. Viele Kinder sitzen bereits erwartungsvoll jauchzend auf den Seepferdchen, Meerjungfrauen, Möwen, Seelöwen und Delfinen.
„Alle Mann mithelfen!“, fordert Marie die beiden Engel und den Sandmann auf.
Am Geflimmer erkennt Robert die himmlische Hilfe – und lacht. „Hochverehrtes Publikum, hereinspaziert und aufgesessen! Los geht der wilde Wellenritt!“
Mit vereinten Kräften drehen sie das Karussell. Bis zum Nachmittag verläuft auch alles prima, doch dann sind Robert und sämtliche Helfer erschöpft und das Karussell wird langsamer.
Schon krakeelt das erste Kind: „Schneller, schneller …!“
„Das war's!“, japst Robert atemlos. „Es ist vorbei! Ich gebe auf!“
„Hach, nöö! Verflixt, wo bleibt bloß dieser Achim?“, ruft Elias.

Im selben Augenblick sagt ein gut gelaunter Mann zu Robert: „Mensch, Papa, du hast dieses steinalte Karussell ja immer noch!" Robert wirft Elias einen strengen Blick zu, begrüßt jedoch seinen Sohn und sagt trotzig: „Genau genommen habe ich mich soeben zur Ruhe gesetzt."

„Das Karussell ist so wunder-wunderschön!", schwärmt Jens, setzt sich auf den Seelöwen und ruft: „Los geht's! Ich will auf den wilden Wellen reiten!"

Da bemerkt Achim die offene Tür zum Getrieberaum. Sofort erkennt er, was los ist. Er schiebt die Ärmel hoch, greift nach einem Zollstock, notiert etwas, rechnet und ruft: „Liebes Publikum, gebt mir eine Stunde Zeit … bis zur nächsten Fahrgelegenheit!"

Mit dem schweren Zahnrad unterm Arm eilt Achim zum Parkplatz und klettert in einen Werkstattwagen mit der Aufschrift: „Kein Tick, kein Tack bei Stand-, Turm- oder Taschenuhr? Ruf an: Achims rollende Uhrenmanufaktur!"
Aus dem Werkstattwagen ertönt ein Rattern und Zischen. Es fliegen sogar Funken! Endlich trägt Achim ein blitzendes Zahnrad zum Karussell, schraubt im Getrieberaum herum und drückt auf einen Knopf. Schlagartig flammen rundherum Lichter auf, die Orgelpfeifen pusten ein Weihnachtslied und das Karussell setzt sich wie von Zauberhand in Bewegung.
„Hereinspaziert und aufgesessen! Los geht der wilde Wellenritt!", ruft Achim fröhlich.
Über Roberts bärtiges Gesicht huscht ein Lächeln. „Junge, du hast mich gerettet!", ruft er begeistert und umarmt seinen Sohn. „Ich hätte nicht gedacht, dass du mir hilfst! Und ich habe nicht damit gerechnet, dass du das Karussell reparieren kannst!"

„Mein Papa kann alles“, sagt Jens stolz.
„Ich wusste ja nicht, wie sehr all die Kinder hier an dem Karussell hängen!“, antwortet Achim und blinzelt gerührt. „Ab jetzt kommen wir dich jedes Jahr besuchen und helfen dir!“
„Toll!“, lacht Jens.
„Dann geht's sogar ohne himmlische Hilfe!“, kichert Robert und hält einen Daumen hoch in Richtung Engel und Sandmann.
Die unsichtbaren vier verbeugen sich. Robert lacht. Doch Achim, Jens und Anna erkennen trotz genauen Hinsehens – nichts!
„Eine schöne Adventszeit, Robert“, wünschen die vier und – schwupp! – ist auch das allerkleinste Geflimmer verschwunden.

Als Elias, Marie und Berti wenig später im Himmel eintreffen, lehnt Petrus lachend am Himmelstor.
„Meine Lieben, ihr habt hervorragende Arbeit geleistet!“, lobt er. „Und, Elias, deine Idee mit dem Sandmann und den Träumen war wirklich richtig gut!“
Bescheiden winkt Elias ab, doch da schiebt sich Maries Händchen in seine Hand.
Petrus betrachtet grinsend seine Engelstruppe. „Aber nun ran an die Schreibtische“, sagt er. „Auf euch warten die Wunschzettel von all den Erdenkindern! Die freuen sich auf Weihnachten! Also … weiter geht's!“

Das Wandergeschenk

Heiligabend! Anstrengende Wochen liegen hinter den Engelchen in der Himmelswerkstatt.
Während Christkind und Weihnachtsmann sich nun für den Erdenbesuch bereit machen, sitzen Elias und Marie am Rande der Abflugwolke und baumeln mit den Beinen.
Sie strahlt ihn an. „Du-huu, Elias? Ich habe ein Weihnachtsgeschenk für dich!"
„Und ich dachte, ich hab schon alles", sagt Elias überrascht.
Schmunzelnd zieht Marie hinter ihrem Rücken eine längliche, in Sternenpapier verpackte Schachtel hervor. Schüchtern sagt sie: „Das ist speziell für dich", drückt ihm das Geschenk in die Hand und fliegt kichernd davon.
„Daaanke, liebste Marie!", ruft Elias ihr erfreut hinterher.

Neugierig befühlt der kleine Engel sein Geschenk. Es ist leicht. Beim Schütteln hört er nichts. Nun schiebt er einen Finger unters Papier, um es zu öffnen. In dem Moment ertönt ein Schrei! Ein Scheppern! Erschrocken springt Elias auf und rennt zu den anderen, um zu sehen, was passiert ist.
„Oh nein!", ruft Konstantin. „Einige Päckchen und Pakete sind vom Schlitten gefallen."
Der Weihnachtsmann lacht. „Hohoho, in diesem Jahr sind es so viele, dass ich wohl auf den Geschenken sitzen muss!"
Rasch ist alles wieder aufgeladen.
Nur Berti hält eine Schachtel hoch, aus der eine angenehm duftende Flüssigkeit tropft. „Weihnachtsmann?", fragt er. „Was nimmst du stattdessen für Frau Klara Bunt mit?"
Der Blick des Weihnachtsmannes fällt auf Elias – und auf Maries Geschenk. „Oh, wie praktisch", sagt er, „da ist schon Ersatz!"
Erschrocken schüttelt Elias den Kopf. „Hach, nööööööö, das ist von Marie … für mich!"
Die anderen Engel kichern.
Der Weihnachtsmann hingegen streckt die Hand aus. „Mir fehlt auf Erden ein Geschenk. Marie wird das verstehen. Ich mach's auch bestimmt wieder gut!"
Da rückt Elias die kleine Schachtel großherzig heraus.

Minuten später hockt der Engel auf einem Nachbarstern. Wild purzeln seine Gedanken durcheinander.

„Niemals kann der Weihnachtsmann das wiedergutmachen!", schmollt er. „Ich weiß nicht einmal, was in der Schachtel war. Marie denkt sicher, ich hab ihr Geschenk weggegeben, weil ich sie nicht mag. Dabei mag ich sie sehr! Was ist, wenn sie mir nun böse ist?" Entschlossen springt Elias auf. „Hosianna, ich rede mit dem Weihnachtsmann! Ich will mein Geschenk zurück!"

Im Raketeneiltempo düst Elias zur Erde. Schnell hat der pfiffige Engel den Schlitten mit den sechs Rentieren entdeckt.

„Halt an, du Weihnachtsmann!", ruft Elias. „Gib mir Maries Geschenk zurück!"

In der Ferne landet der Schlitten auf dem Dach eines stattlichen Mehrfamilienhauses. Der Weihnachtsmann wirft einen Blick in sein goldenes Buch, steckt einige der Pakete in den Geschenksack und ist – ratzfatz – im Schornstein verschwunden.

Schon landet Elias auf dem Schlitten. „Maries Päckchen lag genau hier! Oder da? Oder … Oh nein, es ist fort! Hach, nööööö, bestimmt verschenkt der Weihnachtsmann es gerade weiter! Jetzt aber schnell, nichts wie hinterher!"

Rasch fliegt der Engel an den geschmückten Fenstern des Hauses hinab, da ertönt hoch über ihm feines Schellengeläut: Der Weihnachtsmann saust bereits weiter!

Elias überlegt. „Okay", sagt er schließlich, „ich muss Frau Klara Bunt suchen und ihr mein Geschenk abluchsen! Bestimmt merkt sie gar nicht, wenn eins fehlt."

Auf dem Klingelschild entdeckt der kleine Engel den gesuchten Namen: vierte Etage, durch den linken Flur, letzte Tür rechts.

Im Eiltempo saust Elias die Treppen hinauf und schlüpft durch den Briefkastenschlitz in die Wohnung. Und tatsächlich: Im Wohnzimmer, unter einem kleinen, festlich geschmückten Tannenbaum, liegt Maries Päckchen! Der unsichtbare Engel streckt schon seine Finger danach aus, da ... kommt ihm Frau Bunt zuvor! Aber sie öffnet das Geschenk nicht. Es klingelt nämlich an der Wohnungstür. Draußen steht Briefträger Ralf.
„Weihnachtspost", sagt er fröhlich und hält ihr einen bunt bemalten Umschlag entgegen. „Wie schön, dass Ihre Kinder jedes Jahr an Sie denken."
‚Jetzt wird sie Maries Geschenk ablegen', denkt Elias freudig. ‚Dann schnappe ich es mir!'
Doch Frau Bunt legt gar nichts ab. Stattdessen wünscht sie dem Postboten „Schöne Weihnachten" und überreicht ihm ... das kleine bunte Päckchen!
„Hach, nöö", wimmert Elias. „Das ist doch kein Wandergeschenk!"
Der Engel hat nicht mal Zeit, um sich darüber zu ärgern, denn der Briefträger bedankt sich bereits, lässt Maries Geschenk in seine riesige Posttasche gleiten und fährt mit dem Fahrstuhl eine Etage höher. Wieder wühlt er in seiner Tasche, zieht einen dicken Packen Umschläge heraus und versucht, sie an einer Wohnungstür durch den Briefschlitz zu quetschen.
Währenddessen schleicht Elias an die Posttasche heran. Vorsichtig tastet er nach Maries Geschenk. Und gerade, als er meint, es packen zu können, da öffnet sich vor Ralf die Tür. Ein Herr taucht im Türrahmen auf und tönt: „Sie sind spät! Wieso klingeln Sie nicht? Nun aber her mit der Post!"

Eilig drückt ihm Ralf die Umschläge in die Hand und murmelt: „F-fröhliche Weihnachten!“, doch die Tür knallt bereits ins Schloss.

„Übellauniger Fatzke!“, schimpft Ralf. So schnell, wie er seine Tasche zuhaut, kann Elias seine Finger gar nicht herausziehen.

„Aua, verflixt!“, jammert er und wird für einen kurzen Moment ein winziges bisschen sichtbar.

Der Briefträger zögert, als er das merkwürdige Flimmern sieht. Dann dreht er sich um und geht kopfschüttelnd weiter. Elias seufzt. Das war knapp! Draußen wird es mittlerweile dämmerig.

‚Auweia!‘, denkt der Engel. ‚Wenn Petrus mein Fehlen bemerkt, versetzt er mich für tausend Jahre zu den Sternenputzern!‘

Aber es hilft nichts. Ralf klingelt, die Hände voller Post, bereits an der nächsten Wohnungstür. Sie wird geöffnet von einem Mädchen mit verweinten Augen.

„Imke, was ist denn los?“, fragt der Briefträger besorgt.

„Goldi ist tot“, schnieft sie.

Elias hält vor Schreck die Luft an.

„Dein Kanarienvogel?“, fragt Ralf. Imke nickt traurig.

„Der arme Vogel“, antwortet der Briefträger mitfühlend. „Warte mal“, sagt er dann, „ich habe etwas für dich!“ Und mit einigen Briefen überreicht er Imke … Maries Päckchen!

„Hach, nöö!“, stöhnt Elias verzweifelt. „Mein Geschenk wandert schon wieder weiter!“

„Fröhliche Weihnachten, Imke“, wünscht der Postbote.

Als Ralf geht, folgt Elias dem Mädchen in die Wohnung, wild entschlossen, sich sein Päckchen endlich zurückzuholen.
Imke gibt ihrer Mutter die Briefe, da fragt Mama: „Was hast du denn da Schönes?“
„Post für mich“, murmelt Imke.
„So eine schöne Schachtel! Leg sie doch unter den Weihnachtsbaum“, schlägt Mama vor. „Dann kannst du sie bei der Bescherung öffnen und hast eine Freude mehr!“
„Ohne Goldi habe ich überhaupt keine Freude mehr!“, behauptet Imke und stapft traurig in ihr Zimmer.
Elias lässt die Flügel hängen. Er kann der unglücklichen Kleinen doch unmöglich das Geschenk wegnehmen! Aber wenigstens will er wissen, was in der Schachtel ist! Also muss er mit Imke bis zur Bescherung warten.

Nach einer halben Ewigkeit kommen Oma und Opa. Zuerst wird Kaffee getrunken und Kuchen gegessen, dann ein Weihnachtslied gesungen und ein Gedicht aufgesagt, und dann, endlich, geht es ans Geschenkeauspacken. Zögernd nimmt Imke das kleine Päckchen mit dem Sternenpapier.
„Schneller!“, flüstert Elias und linst über Imkes Schulter, als sie Maries Geschenk auswickelt.
„Schaut mal!“, sagt die Kleine verwundert.
Mama blickt erstaunt in die Schachtel und auch Papa und Opa reißen die Augen auf.

Lächelnd streicht Oma ihrer Enkelin über den Kopf: „Wenn das mal nicht ein Gruß vom Himmel ist!"
„Na, was denn sonst!", schmollt Elias.
Dann erkennt auch er, was in der Schachtel liegt: eine Engelsfeder!
Vorsichtig legt Imke die Feder in Goldis Käfig.
„Sieh mal, sie scheint zu leuchten", sagt Oma. „Dein Goldi ist sicher im Vogelhimmel und schickt dir dies als Gruß!"

„Wie lieb", sagt Imke und strahlt plötzlich übers ganze Gesicht. „Dann geht's ihm wieder gut!"
Elias wird es ganz warm ums Herz. „Bei dir, liebe Imke, ist Maries Geschenk viel besser aufgehoben als bei mir", flüstert er und schlüpft leise durch ein Fenster hinaus.

Atemlos landet der kleine Engel vor dem verschlossenen Himmelstor. Oh nein, die Weihnachtsfeier hat bereits begonnen! Mit einem Mal geht die Tür auf und zwei Augen starren durch den Spalt.

„Halleluja!“, ruft Marie und reißt das Tor weiter auf. „Elias, wo warst du nur? Petrus hat nach dir gefragt! Hast du eigentlich mein Geschenk schon ausgepackt? Wie findest du es? Elias, ist alles in Ordnung? Du bist so blass!“

„Ähm, Marie …“, stammelt Elias, dann erzählt er, was passiert ist. Und mit: „Weißt du, Marie, einem traurigen Kind konnte ich deine Feder doch unmöglich wegnehmen!“, endet er schließlich.

Da beginnt Marie zu lachen. „Das finde ich sooo edel von dir! Weißt du was? Als Ersatz bekommst du … das!“

Blitzschnell gibt sie ihm einen Kuss und fliegt schüchtern kichernd hinter die nächste Wolke.

In dem Moment stellt Elias – tief in sich – etwas vollkommen Überraschendes fest!

‚Es ist gar nicht schlimm, dass ich die Feder auf der Erde zurückgelassen habe! Denn das weltbeste Geschenk ist, dass Marie mich mag!‘, denkt er glücklich.

Der kleine Engel tritt durch das Himmelstor, schließt es hinter sich ab und ist froh, dass sein unerlaubter Erdeneinsatz so viel Gutes bewirkt hatt.

„Und diesmal war ich ganz komplett unsichtbar!“, lacht er glücklich in sich hinein.

Dann schleicht er unauffällig in den himmlischen Festsaal.

Und Petrus, der alles gerührt beobachtet hat, auch!

Der schwierige Wunschzettelwunsch

Inzwischen arbeitet Engel Elias das fünfte Jahr in der Wunschzettelabteilung. Wie immer in der Adventszeit sortiert er freudig einen Wunschzettel nach dem anderen: Manche legt er in das Postkörbchen mit der Aufschrift ‚Puppen', andere in das Körbchen ‚Kuscheltiere', wieder andere zu ‚Autos und Eisenbahnen'.
Soeben wühlt der Engel im großen Postsack und stutzt.
„Nanu, leer? Bin ich schon fertig?" Suchend steckt er den Kopf in den Sack, fühlt mit beiden Händen und hält triumphierend den letzten Wunschzettel für dieses Jahr hoch. Elias faltet das mit Glitzersternen verzierte Briefchen auseinander, liest – und stöhnt: „Hach, nöö … und das einen Tag vor Heiligabend!"
Sogleich saust Elias zu seinem Chef. „Petrus, ich habe hier einen wirklich schwierigen Wunschzettelwunsch!", ruft er und hält seinem Chef das Briefchen unter die Nase.
Erstaunt entziffert Petrus die krakeligen Buchstaben:

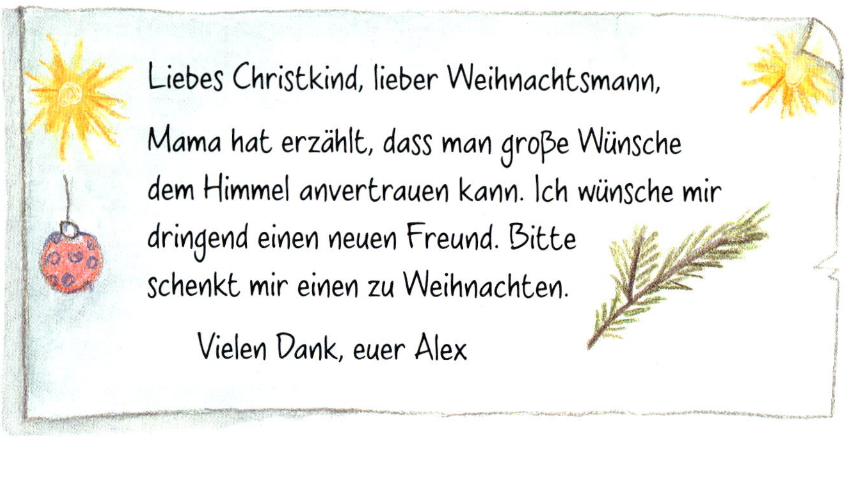
Liebes Christkind, lieber Weihnachtsmann,

Mama hat erzählt, dass man große Wünsche dem Himmel anvertrauen kann. Ich wünsche mir dringend einen neuen Freund. Bitte schenkt mir einen zu Weihnachten.

Vielen Dank, euer Alex

„Einen Freund?“, murmelt Petrus. „Den gibt’s weder beim Christkind noch beim Weihnachtsmann.“

„Eben“, nickt Elias nachdenklich. „Bloß … wieso hat der kleine Alex keinen Freund?“

Petrus blättert in seinem goldenen Buch, liest und sagt: „Ah ja, dieses Jahr wird es für Alex ein außergewöhnlich schönes Weihnachtsfest geben. Aber vorher hat er Sorgen, denn er ist mit seinen Eltern in eine neue Stadt gezogen und kennt dort niemanden. Geschwister hat er – noch! – keine. Und seine Großeltern wohnen jetzt weit weg, worüber er sehr traurig ist.“ Petrus streicht sich bedächtig über den Bart. „Also gut“, beschließt er, „wir werden dem jungen Mann helfen!“

„Das finde ich auch“, stimmt Elias zu. „Chef, bitte, lass mich zur Erde fliegen!“

Petrus überlegt. „Wie willst du denn noch einen Freund für Alex finden? Morgen ist schon Heiligabend.“

„Och, mir fällt schon etwas ein!“, grinst Elias.

Petrus willigt ein. „Aber wenn du Unterstützung brauchst, melde dich. Und bleibe – bitte – ganz komplett unsichtbar! Ich weiß, du kannst das!“

Elias denkt an seinen letzten geheimen Erdeneinsatz, von dem nicht einmal Petrus etwas weiß. Oder doch?

„In Ordnung, Chef, ich gebe mir Mühe!“, sagt Elias daher knapp und fliegt mit einem lauten „Bis baaaaaaald!“ los.

Pfeilschnell rast Elias zur Erde und entdeckt Alex alleine in einem Garten. Unbewegt hockt der Junge auf einer Schaukel. Dabei macht Schaukeln bestimmt viel Spaß. Weil Elias das noch nie so richtig ausprobiert hat, versucht er es einfach. Er setzt sich auf die zweite Schaukel, schwingt Beine und Flügel – und hui! – saust er hoch und höher. Doch auch wenn Engel fliegen können, festhalten sollten sie sich trotzdem. Im hohen Bogen plumpst Elias von der Schaukel und wird vor Schreck sichtbar!

„Hoppla, bist du aus den Wolken gefallen?", fragt Alex verblüfft, dann geht ihm ein Licht auf. „Du bist mein neuer Freund, stimmt's?", ruft er begeistert. „Aber … wieso hast du Flügel?"
„Ich bin Elias", erklärt der Engel und streicht seine vom Sturz zerzausten Federn glatt. „Als Weihnachtsengel werde ich dir bei der Erfüllung deines Wunsches helfen."
„Helfen?", wiederholt Alex enttäuscht. „Kannst du mir den Freund nicht an Heiligabend liefern?"
Elias macht eine wichtige Miene. „Wir vom Himmel können eine Menge, aber einen Freund liefern, können wir nicht!", erklärt er. „Um einen echten Freund muss sich jeder selbst bemühen."
Alex lässt den Kopf hängen. „Pfff, das klappt doch nie!"
Elias jedoch sagt munter: „Freunde finden ist nicht schwer! Los, wir gehen zum Spielplatz. Da wimmelt es nur so von Kindern."

Auf dem Spielplatz ist allerdings niemand.
Der Engel stöhnt. „Kein Wunder bei dem Matschwetter. Wir brauchen Schnee! Gut, bis morgen werde ich das ändern!"
Kritisch schaut Alex Elias an. „Und wie soll das gehen?", fragt er.
„Ich habe Kontakte", flüstert der Engel geheimnisvoll. „Ich flieg heute Nacht zu Petrus – und der bestellt bei Frau Holle richtig ordentliches Winterwetter!"
Da dreht sich Alex um und marschiert grummelnd davon. „So'n Blödsinn, große Wünsche dem Himmel anzuvertrauen!", mault er. „Engel können ja nicht mal schaukeln!"

Übellaunig stapft Alex die Treppe zu seiner Wohnung hoch. Elias fliegt schnell hinterher.
„Warte kurz“, sagt er plötzlich und drückt auf einen Klingelknopf.
„He, du kannst doch nicht einfach Klingelmännchen spielen!“, japst Alex nervös.
In dem Moment wird die Wohnungstür aufgerissen. Im Türrahmen steht eine grau gelockte Frau, die ein Nudelholz schwingt!

Erschrocken stammelt Alex: „I-ich war das nicht, ehrlich, sondern der freche kleine Engel da!“
„Wie schön, Engelbesuch zur Weihnachtszeit!“, schmunzelt die Nachbarin, obwohl sie Elias gar nicht sehen kann. „Du bist neu eingezogen, nicht wahr?“
Ohne eine Antwort abzuwarten, schnuppert sie, kreischt: „Lieber Gott, meine Plätzchen!“ und rennt in ihre Küche.
Elias und Alex hören erst ein Scheppern, dann ein Rufen: „Alles noch mal gut gegangen, es sind nur drei Kekse verbrannt!“
Nun hören sie ein Knistern und schon steht die Frau wieder im Türrahmen. „Alle Kinder in der Nachbarschaft nennen mich Omi Meier. Und dies hier …“ – sie hält Alex eine Tüte mit frischen Keksen unter die Nase – „… ist mein Willkommensgeschenk!“
„Wow, danke!“, strahlt Alex.
„Schönen Gruß an deine Eltern“, lächelt Frau Meier. „Und besuch mich gern wieder!“
Als Alex kurz darauf grinsend eine Treppe höher stapft, fliegt Elias hinterdrein und reckt seinen Daumen hoch. Alex macht es ihm nach und sagt: „Elias, du hast schon seltsame Ideen. Aber wenn meine Mama es erlaubt, klingle ich bei Omi Meier sicher öfter.“

Am nächsten Morgen traut Alex seinen Augen kaum: Über Nacht ist tatsächlich Schnee gefallen! Freudig flitzt er zum Spielplatz. Dort sind nun viele Kinder.
Leise fragt Alex: „Elias, bist du da? Ich seh dich nicht!“

Elias antwortet mit einem zarten Glitzern in der Luft.
„Wie gut, dass ich dich nicht geträumt habe", kichert Alex. „Was machen wir jetzt?"
„Na, du fragst, ob du mitspielen kannst", antwortet Elias lässig.
„Nee, ich kenn hier kein einziges Kind", windet sich Alex. „Hast du nicht eine andere Idee?"
Elias zeigt auf einen braunhaarigen Jungen in Alex' Alter. „Schau, der ist nett! Seinen Wunschzettel habe ich ebenfalls gelesen! Tom wohnt im Nachbarhaus."
„Ach so?", fragt Alex ungläubig.
Elias grinst. „Klar! Du wirst sehen: In einer Minute werdet ihr zwei euch kennenlernen, spielt miteinander und – schwupp – seid ihr Freunde." Übermütig formt der Engel einen Schneeball, zielt auf Toms Füße und trifft … Toms Kopf!
„Heiliger Bimbam!", ächzt Elias.

„Autsch!“, schreit Tom und sieht sich wütend um. „Wer war das?“ Weil Elias für die anderen Kinder unsichtbar ist, zeigt Dennis auf Alex: „Das war der Neue.“
„Stimmt nicht!“, verteidigt sich Alex. „Das war der Engel Elias.“
„Der Engel … Eee-Wie-War-Das?“, fragt Tom. Er klopft sich den Schnee aus dem Kragen und sagt zu seinen Freunden: „Kommt, wir gehen zur Rutsche. Mit dem Doofen spielen wir nicht.“
„Na super!“, zischt Alex verärgert in Elias’ Richtung.
Der Engel lächelt verlegen. „Einen Freund kennenzulernen, ist vielleicht doch nicht so einfach. Okay, nächster Versuch: Lass uns eine Schneefamilie bauen!“
Sofort beginnt Elias, aus einem Schneeball eine dicke Kugel zu rollen. Alex verdreht die Augen, formt aber ebenfalls eine Kugel und kullert sie weit von Elias weg.

Nach einer Weile schauen Tom und die anderen Kinder neugierig zu Alex. Kurz darauf bauen alle mit und bald bevölkern eine Schneefrau, ein Schneemann, Schneekinder und ein Schneehund den Spielplatz. Bei der Wippe steht sogar ein Schneeengel!
„Hihi, den hat sicher dieser Alex gebaut", kichert Jonas. „Manche Kinder haben einen Vogel. Nur der Alex hat einen Engel."
Als alle mitkichern, erwidert Alex: „Denkt einfach mal nach: Da hinten kann ich nicht gebaut haben. Das war der Engel Elias."
„Ja, klar!", prustet Tom los. „Du bist echt superdoof!"
Schnaufend dreht sich Alex um und stapft beleidigt davon.

Eine Weile später hockt er wütend auf der Schaukel und flüstert: „Dieser blöde Engel kann mir wirklich gestohlen bleiben."
Elias kickt missmutig Schnee von den Tannenwipfeln: „Nix klappt bei dieser Freundesuche. Und bald ist Bescherung!"
Alex und Elias sind beide so mit ihrer schlechten Laune beschäftigt, dass sie Tom gar nicht bemerken. Gerade kommt er vom Spielplatz nach Hause und steuert zielstrebig den Gartenteich an. Der ist über Nacht zugefroren. Tom setzt prüfend erst den einen, dann den anderen Fuß aufs Eis. Vorsichtig wippt er auf und ab. Die Eisdecke hält! Tom probiert zu schlittern. Das geht wunderbar, bis … ein leises Knacken ertönt.
Elias schaut hoch, kann gerade noch: „Hach, nöö!" keuchen, schon folgt ein lauter Knacks und ein Schrei. Tom ist bis zum Po ins Eis eingebrochen!

Blitzartig ist Elias bei Alex. „Nimm den langen Ast! Daran ziehst du Tom aus dem Teich!“
Sogleich flitzt Alex los, nimmt den Ast, rennt zum Teich und hält ihn Tom hin. Der packt zu und mit einem kräftigen „Hauruck!“ zieht Alex den Verunglückten ans rutschige Ufer.
„Puh, vielen Dank, dass du mich gerettet hast“, schnieft Tom kleinlaut. „Das war wirklich mutig.“
„Kein Problem“, sagt Alex und setzt lächelnd hinzu: „Hat dir deine Mama nicht erklärt, dass man einen gefrorenen Gartenteich nicht betreten darf?“

„H-hat sie … ungefähr h-hundert Mal!“, klappert Tom frierend mit den Zähnen. „Das gibt Ärger, wenn ich nass h-heimkomme.“
Elias deutet auf Alex’ Stiefel. Und Alex kapiert.
Beherzt zieht er seine Stiefel aus. „Los, Tom! Lass uns Schuhe und Socken tauschen“, schlägt er vor. „So ist jeder halb nass – und bekommt auch nur halb so viel Ärger!“
Nach dem Tausch klopft Tom Alex auf die Schulter. „Danke, du bist echt ein guter Kumpel! Spielen wir morgen zusammen?“
„Klar“, antwortet Alex und lacht.
Auch Elias ist froh, dass es mit der Freundesuche nun doch noch geklappt hat. Eigentlich könnte er jetzt zurück in den Himmel fliegen, aber Petrus hat gesagt, dass es in diesem Jahr für Alex ein besonders schönes Weihnachtsfest geben wird.
‚Vielleicht passiert ja noch etwas ganz Aufregendes‘, denkt Elias. ‚Das muss ich unbedingt sehen!‘

Zur Bescherung stürmt der Engel mit Alex ins Wohnzimmer. Sogleich fällt Alex unter dem Weihnachtsbaum ein riesiges Postpaket auf. Es ist von Oma und Opa!
„Stark“, staunt Alex. „Der Himmel erfüllt geheimste Wünsche, auch wenn man sich ein bisschen selbst kümmern muss! Nun habe ich ein Geschenk von Oma und Opa, eine nette Ersatz-Omi und einen neuen Freund!“
„Kleinigkeit!“, tönt Elias oben vom Leuchter aus. „Manchmal bekommen wir Engel sogar weit größere Wunder hin!“

Und genau in dem Moment verkündet Alex' Mama ein wahrlich spannendes Weihnachtswunder!
„Alex", sagt sie und umarmt ihren Sohn. „Wir haben noch eine Überraschung für dich. Wir wissen ja, wie sehr du dir ein Geschwisterchen wünschst. Im Sommer ist es so weit: Du wirst endlich ein großer Bruder werden!"
Alex reißt die Arme hoch. „Juchhu! Danke, du weltbester Engel!"
Papa schaut Mama verblüfft an. „Ähm … wieso Engel?"
Elias ist ebenfalls verblüfft: „Hach, nöö! Was soll ich angestellt haben? Ne-nee, mit Babys habe ich nichts zu tun! Und überhaupt … Ich will jetzt heim. Schöne Weihnachten!", wünscht er Alex knapp und fliegt los.

Kaum angekommen, schallt sogleich die tiefe Stimme von Petrus durch den Himmel.
„Elias, du ganz und gar nicht geheimer Geheimengel! Ich habe deutlich durchs Erdenfernrohr gesehen, dass du …"
„Keine Aufregung, Chef, alles ist gut gegangen", behauptet Elias und berichtet begeistert von der Ersatz-Omi und dem Freund für Alex. „Aber Petrus, glaub mir, zu der Sache mit diesem Geschwisterchen, dafür kann ich nichts!"
Da lacht Petrus los, dass die Wolken wackeln. Als er sich ein bisschen beruhigt hat, sagt er: „Weißt du, Elias, die besten Wunder geschehen stets überraschend. Sogar für so tüchtige Weihnachtsengel, wie du einer bist!"

Der uralte Wunschzettel

Mittlerweile ist Elias einer der erfahrensten Engel der Wunschzettelabteilung. Selbst in schwierigsten Fällen weiß er Rat. Eben jedoch ist ein wahrlich außergewöhnlicher Brief eingetroffen! Daher marschiert der kleine Engel zu Petrus.

Der Chef dreht den merkwürdigen Wunschzettel mit spitzen Fingern hin und her, runzelt die Augenbrauen und seufzt: „Oje, wir brauchen eine Sonderbesprechung!"

Kurz darauf sitzen das Christkind, der Weihnachtsmann, Petrus, Elias und Marie im himmlischen Besprechungsraum.

„Seid gegrüßt", sagt Petrus ernst. „Wir sind hier zusammengekommen, weil Elias einen besonderen Wunschzettel erhalten hat."

Zum Beweis hält Elias den zerknitterten, staubigen Zettel hoch. „Berti hat ihn bei einem Abrisshaus gefunden. Der Umschlag wurde mit einem Holzrollladen versehentlich in den Kasten gezogen und steckte seither dort fest."

„Dann ist es ja gut, dass das Briefchen nun eingetroffen ist", tönt der Weihnachtsmann und erhebt sich. „Folglich kann ich gehen und mich um weitere Geschenkwünsche kümmern."

„Warte", sagt das Christkind sanft. „Elias will noch etwas sagen."

Elias nickt. „Der Wunschzettel ist ganz vergilbt, weil er schon über sechzig Jahre alt ist! Damals hat sich ein Mädchen namens Greta eine Puppe gewünscht, mit Klimperaugen und Mama-Blöke!"

„Mama-was?", kichert Marie.

„Sechzig Jahre?“, brummt der Weihnachtsmann. „Dann ist Greta ohnehin Großmutter – und braucht keine Puppe mehr.“
Das Christkind lächelt. „Weihnachtsmann, bedenke: Echte Wünsche verfallen nie!“
„Na ja“, meint Petrus, „vielleicht wünscht sich Greta inzwischen etwas anderes. Ich schlage vor, Elias fliegt zur Erde und forscht dort einmal nach!“
Grinsend springt Elias auf. „Gern! Alles wie immer möglichst geheim? Halleluja, ich bin schon unterweeeeeeegs …“

Kurz darauf beobachtet Elias eine Dame durchs Fenster, die tröstend einem Jungen übers Haar streicht. „Was für ein Pech, dass deine Eltern ausgerechnet jetzt ihr Flugzeug verpasst haben", sagt sie. „Nun kommen sie eben später – und du bleibst Heiligabend bei mir. Du wirst sehen, es ist sowieso ein Tag wie jeder andere."

„Oma Greta?", fragt der Junge. „Wieso magst du eigentlich Weihnachten nicht?"

Leise quetscht sich Elias durch einen Fensterspalt und lauscht gespannt auf Gretas Antwort.

Sie lächelt. „Weißt du, Malte, vor langer Zeit habe ich einmal einen Wunschzettel geschrieben, aber nie ein Geschenk bekommen", antwortet Greta. „Wieso sollte ich also an den Weihnachtsmann, das Christkind und all die Engel glauben?"

„Hach, nöö", murmelt Elias. „Das hört sich nach einem echten Problem an. Ich spreche am besten mal mit Malte!"

Abends liegt Malte gemütlich in Omas Gästebett. Gerade will er die Lampe ausschalten, als er ein Flimmern neben sich bemerkt, das langsam stärker wird.

„Guten Abend", wünscht Elias. „Ich bin ein Weihnachtsengel."

Begeistert setzt sich Malte auf. „Ich hab doch gewusst, dass es Engel, das Christkind und den Weihnachtsmann gibt!"

„Ist doch klar", bestätigt Elias.

„Dann", sagt Malte schnell, „flieg bitte sofort zu meiner Oma und erklär es ihr!"

„Das geht nicht“, antwortet Elias. „Weihnachtsengel arbeiten im Geheimen! Okay, okay, mit einem Kind kann ich mich ausnahmsweise mal unterhalten. Ich dachte, du erzählst deiner Oma, dass der Wunschzettel, den sie als Kind geschrieben hat, in einem Rollladenkasten festklemmte. Deshalb ist er erst jetzt in der Wunschzettelabteilung eingetroffen. Als Trost darf sich Oma Greta etwas besonders Schönes vom Himmel wünschen!“
„Ich sag's ihr mooorgen“, gähnt Malte, knipst die Lampe aus und schläft ein.

Sofort nach dem Frühstück stürmt Malte ins Gästezimmer. „Elias, Oma Greta denkt, ich hab dich bloß geträumt!“, berichtet er. „Nun wünscht sie sich die Puppe von damals. Als Beweis!“
Beunruhigt flimmert Elias vor sich hin. „Herrje, wie soll so ein uraltes Klimperauge überhaupt aussehen? Als das Mode war, habe ich vermutlich noch Sterne geputzt!“
Der Junge überlegt. „In der Nähe gibt es ein Puppenmuseum.“
Elias strahlt. „Sag Greta, du willst ins Museum! Dort finde ich schon heraus, wie ihre Wunschpuppe aussehen soll.“

Greta wundert sich, wieso ihr Enkel unbedingt in das Museum möchte. Doch kurze Zeit später betrachten Elias, Malte und Oma Greta die bestimmt tausendste Puppe.

Plötzlich bleibt Greta vor einem Glasschrank stehen und jauchzt: „Da ist sie! So eine habe ich mir immer gewünscht! Also Malte, wenn es den Weihnachtsmann und das Christkind wirklich gibt, sag deinem Engel: So eine will ich!"
Kritisch betrachtet Malte das steif dasitzende Puppenkind im Matrosenkleid mit den seltsamen Locken und den roten Pausbacken.
„Schön ist die aber nicht", findet er.
Oma schnauft beleidigt. „Sie ist alt! Und wunderschön!"
Elias wispert: „Malte, solche Puppen werden in der Himmelswerkstatt seit hundert Jahren nicht mehr hergestellt. Trotzdem werde ich versuchen, so eine Puppe zu finden."
„Viel Glück, lieber Engel", flüstert Malte zurück.

Stundenlang sucht Elias im himmlischen Geschenkelager nach einer Puppe, die Gretas Vorstellung wenigstens nahekommt. „Hach, nöö, Fehlanzeige!“, stöhnt er schließlich enttäuscht. „Jemand aus der Himmelswerkstatt muss sie nachbauen!“
Marie seufzt. „Selbst für einen klitzekleinen Eilauftrag hat dort keiner Zeit, weil in wenigen Stunden Bescherung ist!“
Niedergeschlagen sitzt Elias zwischen all den wunderschönen Puppen. „Du heiliger Bimbam“, schnieft er. „Nun wird nicht nur Greta enttäuscht sein, sondern auch Malte!“
Marie denkt laut nach. „Wenn dir im Himmel niemand helfen kann, vielleicht gibt es ja jemanden auf Erden. Ob wir in unserem himmlischen Adressbuch einen Fachmann finden …?“
Durch Elias geht ein Ruck. Eine Minute später blättert der kleine Engel in dem goldenen Buch hin und her, liest … und fliegt los!

Außer Atem landet Elias in einer Fußgängerzone zwischen prachtvollen Glaspalästen. Unscheinbar daneben steht ein altmodisches Häuschen. Elias schiebt die Ladentür auf und ein Glöckchen kündigt seinen Besuch an. Staunend betritt der Engel ein Reich, das ihn an die Himmelswerkstatt erinnert. In dem Augenblick kommt ein uralter, faltiger Mann in einem weißen Kittel hinter dem Ladentisch hervor. Als er Elias entdeckt, lacht er breit. „Welch himmlischer Gast, herzlich willkommen!“
Erstaunt sieht der unsichtbare Elias an sich herunter. „Du … kannst mich sehen?“

„Aber ja“, lacht der Mann. „Einige wenige Erwachsene mit reinem Herzen können Engel sehen! Nun, was kann ich für dich tun?“
Da purzeln die Worte nur so aus Elias heraus. „Ich habe einen Puppendoktor gesucht, weil heute Heiligabend ist und ich einen Eilauftrag habe. Du bist meine einzige Hoffnung!“
„Nur die Ruhe, kleiner Engel“, unterbricht ihn der Mann. „Wie du siehst, habe ich hier ein riesiges Ersatzteillager für alte Puppen und Teddybären. Um was für eine Puppe geht es?“
„Sie hat rote Pausbacken, Klimperaugen, falsche Wimpern, an den Kopf geklebte Haarkringel, eine Mama-Blöke und trägt ein Matrosenkleid“, zählt Elias auf. „Außerdem brauche ich keine Ersatzteile, sondern eine ganze Puppe! Und das bis heute Abend.“
Der Puppendoktor zieht eine goldene Taschenuhr aus seiner Weste und murmelt: „Verstehe, es eilt … Ich schau, was ich für dich tun kann!“ Damit schlurft er gemütlich ins Hinterzimmer.
Nach einer Weile hört Elias ein lautes Klopfen und Hämmern, ein Rattern und Sägen.
Elias starrt auf vereinzelte Puppenarme, -beine, -köpfe und sogar -augen – und atmet nervös durch. Und gerade als der Engel denkt: ‚Na, dieser Erdeneinsatz geht ja wohl grandios schief!‘, da hüstelt es plötzlich hinter ihm.
Elias fährt herum und der wunderliche Mann überreicht ihm eine stattliche Puppe im Matrosenkleid.
„Man sagt, ich sei der berühmteste Puppendoktor der Welt“, behauptet er stolz. „Aber ohne meine Erste-Hilfe-Sammlung hätte ich die hier gar nicht bauen können.“
„Die sieht …“, Elias schluckt, „… perfekt aus!“

Der Engel wiegt die Puppe wie ein Baby, da ertönt ein leises Klick-Klack: Die Puppenaugen klappen nacheinander zu.
„Schlafaugen“, erklärt der Puppendoktor. „Und ihr Kopf ist aus feinstem Porzellan!“

Elias dreht die Puppe auf den Bauch – und ein merkwürdiges Geräusch ertönt. „Hach, nöö! Hat sie … ‚Mäh' gemacht?"
„Sie hat ‚Mama' gesagt", schmunzelt der Mann. „Das war früher modern bei den Puppen."
Elias lacht. „Also das meinte Greta mit Mama-Blöke. Wirklich, du bist der tollste Puppendoktor der Welt! Ich danke dir. Du hast im Himmel einen Wunsch frei."
Draußen wäre es nun eigentlich stockdunkel, aber die riesigen Einkaufspaläste haben ihre Weihnachtsbeleuchtung eingeschaltet, sodass die Fußgängerzone taghell, aber menschenleer ist.
‚Logisch, ist ja auch Bescherungszeit', fällt es Elias ein. Und mit sich und seinem Erdeneinsatz hochzufrieden, presst der Engel die Puppe eng an sich. Dann fliegt er los.

Der kleine Engel trifft in Gretas Wohnung ein, als Malte gerade ein Cowboy-Kostüm anprobiert.
„Genau so eins habe ich mir gewünscht!", erklärt er glücklich.
Außerdem findet er neben Omas winzigem Weihnachtsbaum ein spannendes Abenteuerbuch.
„Da siehst du es", sagt Greta triumphierend. „Wieder habe ich keine Puppe und sehe keinen Weihnachtsma…"
Mitten im Satz verstummt Greta, runzelt die Stirn und flüstert: „Klimperauge? Engel?"
Tatsächlich! Auf der Couch sitzt ihre Wunschpuppe und daneben sitzt ein echter Weihnachtsengel, wie er schöner nicht sein könnte!

Malte lacht. „Oma, darf ich vorstellen", sagt er, „das ist der Engel Elias. Er hat sich ganz lieb um deinen uralten Weihnachtswunsch gekümmert."

Elias lacht ebenfalls. „Haha, ich verrate euch was: Das hat fast nicht geklappt! Erwachsenenwünsche sind ja sooo kompliziert …"

Auch Greta lacht. „Entschuldige bitte, lieber Engel, dass ich dachte, euch Himmelswesen gibt es nicht."

„Schon gut", winkt Elias großzügig ab. „Der Himmel entschuldigt sich auch vielmals für die Verspätung. Doch nun wünsche ich euch fröhliche Festtage! Tschüüüss!"

Mit Freudentränen in den Augen nimmt Greta ihre Matrosenpuppe in die Arme und schwärmt: „Du hattest recht, Malte, Weihnachten ist das schönste Fest der Welt!“

Mit Überschallgeschwindigkeit saust Elias zum Himmel und baut sich mit stolz geschwellter Brust vor Petrus auf. „Chef, der Auftrag ist bestens erledigt!“

Petrus nickt zufrieden. „Nur, dass du dich so gern auf Erden sichtbar machst, daran arbeiten wir in den nächsten dreihundert Jahren noch, nicht wahr?“

Elias lacht. „Mit Vergnügen“, sagt er und denkt: ‚Haha, geschafft habe ich das doch längst!‘

Petrus lacht mit und denkt: ‚Haha, mein kleines Engelchen, das weiß ich natürlich … ebenfalls längst!‘

Der Sonderauftrag

„Glockenklang, bimmelbam …“, singt Elias.
Konstantin grinst. „Dir ist wohl dein siebtes Jahr in der Wunschzettelabteilung zu Kopf gestiegen, was? Lass mich raten: Deine gute Laune hat mit Marie zu tun!“
Elias lächelt. „Mit Marie“, sagt er. „Und weil Feierabend ist. Und Heiligabend …“
Da fliegt Schutzengel Simon im Eiltempo auf Elias zu und ruft: „Nix Feierabend! Hier ist noch ein Wunschzettel … von mir!“
Elias sagt bedächtig: „Simon, du bist Schutzengel auf Erden. Was ist, wenn deinem Schützling jetzt etwas passiert?“
„Mein Kind hält Mittagsschlaf. Im Gitterbettchen! Und ich habe bloß einen winzigen Eilwunsch“, bricht es aus ihm heraus.
Elias nickt. „Darüber solltest du mit Petrus reden. Die Wunschzettelabteilung ist für dieses Jahr geschlossen.“
„Peeetrusss!“, krakeelt Simon trotzig los.
Sogleich eilt der Chef der Engel herbei. „Allmächtiger! Ist was Schlimmes geschehen?“
„Ich möchte zu den Sternenputzern versetzt werden. Nur bis Mitternacht! Bitte, Petrus!“, bettelt Simon. „Ich habe mir zu Weihnachten noch nie etwas gewünscht!“
Elias bricht in schallendes Gelächter aus. „Bei den Sternenputzern ist es sooo langweilig!“
„Ich weiß“, schwärmt Simon.

Petrus überlegt. „Simon, dein Schützling heißt Mia, nicht wahr? Und Elias, du kannst doch wunderbar mit Kindern umgehen …“
Elias nickt stolz. „Ja, ich mag Kinder – und sie mich.“
Prompt verkündet Petrus: „Weil du, Simon, noch nie um etwas gebeten hast, werde ich deinem Wunsch stattgeben! Elias: Du vertrittst ihn, während er Sterne putzt! Sei um Mitternacht wieder hier. Und pass gut auf die kleine Mia auf!“
Ehe Elias noch irgendetwas sagen kann, ist Simon bereits mit einem donnernden „Juchhuuu!“ verschwunden.
„Hach, nöö!“, protestiert Elias. „Petrus, ich kann nicht zur Erde fliegen! Ich bin doch kein Schutzengel. Außerdem sind Marie und ich nach der Bescherung verabredet. Auf Wolke sieben!“
Petrus schmunzelt. „O-oh, ist das nicht der Treffpunkt für verliebte Engel? Elias, dazu bist du viel zu klein!“

„Wieso? Schließlich bin ich auch groß genug, um Schutzengel zu sein!“, behauptet Elias.
Nun lacht Petrus. „Du Pfiffikus! Gut, wir machen es so: Erst kommt dein Schutzengeleinsatz, anschließend folgt das Treffen mit Marie. Ich spendiere auch einen Picknickkorb.“

Kurze Zeit später hockt Elias neben Mias Bettchen und linst durch die Gitterstäbe.
„Hallo, ich heiße Elias“, flüstert er. „Mia-lein, du bist sooo klein und lieb und sooo niedlich!“
„Ja-haaa, solange sie schläft“, tönt es von der Wickelkommode.
Elias zuckt zusammen. „Hach, nöö, hast du mich erschreckt!“ Jetzt erst sieht Elias das Engelmädchen, das quer über der Wickelkommode liegt und ihn schief ansieht.
„Ich bin Elfi. Und Nils ist mein Schützling. Er ist ebenfalls lieb, wenn er schläft.“ Elfi deutet auf ein zweites Bett ohne Gitterstäbe. „Doch sobald die zwei wach sind, wird es abenteuerlich!“
Elias strahlt. „Ich liebe Abenteuer! Allerdings ist dies mein erster Einsatz als Schutzengel!“
Elfi kichert. „Mia ist auch Simons erster Schützling. Deshalb ist er manchmal leicht gestresst …“
Auf einmal wird es Elias ein bisschen mulmig. Schutzengel sein, ob er das überhaupt kann?
Da ertönt ein wahnsinniges Geschrei!
Panisch sieht sich Elias um. „Elfi, was ist passiert?“

„Nur die Ruhe“, sagt Elfi. „Unsere Schützlinge sind aufgewacht! Das Abenteuer beginnt!“
Verblüfft starrt Elias auf Mia. Sie hat die Stimme einer Löwin. „Mamaaa, Mia aufsteeehen!“, schreit sie ununterbrochen.
„Vielleicht hilft ein Schlaflied“, hofft Elias und trällert los: „Stille Nacht, keiner wacht! Alles schläft, gut gemacht …“
Tatsächlich verstummt Mia für eine klitzekleine Sekunde. Sie schaut zu Elias – und brüllt weiter!
Einen Augenblick später reißt Nils die Tür auf und schreit: „Maaamaaaa! War der Weihnachtsmann daaa?“
„Auweia, nur Mondraketen sind lauter!“, murmelt Elias.
Mama eilt herbei. „Hallo, meine Mäuse! Seid ihr ausgeschlafen?“ Schwungvoll hebt sie Mia aus dem Bettchen.
„Muss Pipi!“, kreischt Nils und flitzt ins Bad.
Elfi fliegt hinterher. „Sicherheitshalber“, erklärt sie Elias. „Nils hat schon Badeentchen im Klo versenkt!“
Mama legt Mia auf die Wickelkommode und öffnet die Windel.
„Du lieber Himmel …“, stöhnt Elias und hält sich die Nase zu.

Nachmittags gibt es für die Kinder Obst. Während Nils seine Bananenscheiben vornehm mit der Gabel isst, stopft Mia alles auf einmal in den Mund. Dann nuschelt sie: „Mia fertig. Aufstehen!“ Mit der Geschwindigkeit eines Wirbelwinds dreht sie ihre Beinchen unter dem Hochstuhltisch hervor. Sekunden später steht sie wackelig auf der Sitzfläche! Mama sieht das aber gerade nicht, weil sie den brutzelnden Gänsebraten betrachtet. Elias überlegt, ob er nun eingreifen sollte, da schwankt Mia zur Seite … und stürzt! Im Eiltempo wirft sich Elias auf den Boden und Mia landet weich auf ihrem Schutzengel.

„Hihi“, kichert Mia.

„Huch!“, quiekt Mama.

Und Elias reibt sich den schmerzenden Rücken.

Mama nimmt Mia fest in die Arme. „Da hat dein Schutzengel aber wieder gut aufgepasst!“

Elias schaut erschrocken an sich herunter. Puh, alles klar, er ist unsichtbar! Offenbar hat er einfach gute Arbeit geleistet. Und schon sind seine Schmerzen wie weggeblasen.

„Wisst ihr was?“, sagt Mama jetzt. „Bis alle Großeltern hier sind, könnt ihr im Garten spielen.“
Schnell sind beide Kinder in Schneeanzüge verpackt. Mama schiebt sie durch die Terrassentür und sagt zu Papa: „Hast du mal ein Auge auf die beiden?“
„M-mh“, brummt Papa, der gerade versucht, mit dem Stamm des stattlichen Tannenbaums die Halterung zu treffen.
Nils rennt durch den Schnee. Mia tapst hinterher, gefolgt von Elias und Elfi. Nils formt einen Schneeball und wartet, bis Mia nah genug an ihn herangekommen ist. Schwungvoll schmeißt er ihn auf seine Schwester.
„Nicht getroffen“, trällert Elias.
„Aber besser ist, wir passen auf“, mahnt Elfi.
„Wieso?“, fragt Elias. „Eine Schneeballschlacht ist lustig!“ Ratzfatz hat er ebenfalls einen Schneeball geformt und pfeffert ihn auf Elfi.
„Na, warte“, kichert sie – und wirft blitzschnell einen noch viel größeren Schneeball zurück.
Bald sind die Engel in einen fröhlichen Kampf verwickelt.

Mia und Nils betrachten staunend die deutlich sichtbaren Engel. Dann erklärt Nils seiner Schwester: „Das sind groooße Vögel!“
„Auweia“, schnappt Elias nach Luft. „Sie können uns sehen!“
Schwupp – werden beide Engel wieder unsichtbar.
Als Nächstes kommt Nils auf die Idee, den Schnee von den Tannenästen zu schütteln.
„Es schneit!“, krakeelt Nils. „Schneeflöckchen, Weißröckchen …“
Mia kichert noch. Plötzlich rollt eine wahre Schneelawine auf sie und ihren Bruder zu!
„Hach, nöö!“, erschrickt Elias und starrt entgeistert auf das schöne Weiß, in dem beide Kinder bis zur Hüfte feststecken. „Da haben wir gerade keinen guten Schutzengeljob gemacht, oder?“
Elfi schnauft. „So etwas ist mir noch nie passiert! Elias, du lenkst mich ab! Schutzengel zu sein, erfordert höchste Konzentration!“
„Alles klar“, nickt Elias breit grinsend. „Allerdings sollten wir unsere Schützlinge nun ausgraben, oder?!“

Doch da kommt schon Papa angerannt. Rasch zieht er seine zwei Kinder aus dem Schnee. Dabei stößt er an einen Tannenast und die nächste Schneelawine fällt … auf Papa!
Mia, Nils, Elias und sogar Elfi kichern.
Papa schüttelt sich wie ein nasser Hund. „Herrje“, japst er, „das war bestimmt der Wind, den der Weihnachtsmann mit seinem Schlitten gemacht hat! Und vielleicht hat er ja für brave Kinder ein paar Geschenke dagelassen?“

Inzwischen sind die Omas und Opas eingetroffen.
Der eine Opa fragt: „Kinder, könnt ihr eigentlich ein schönes Weihnachtsgedicht aufsagen?“
Und Nils tönt sogleich: „Weihnachtsmann, ich kenn dich nicht. Hast du trotzdem was für mich?“
Als alle lachen, verbeugt sich Nils.
Der andere Opa deutet auf den Weihnachtsbaum und reimt: „Ein Baum mit ordentlich Lametta, wirkt irgendwie viel netter!“
Und Mama sagt grinsend: „Christkindchen, ich halt’s nicht aus. Jetzt packen wir Geschenke aus!“
Nun wuseln alle unterm Weihnachtsbaum herum, lachen, schwatzen durcheinander und überreichen Geschenke. Dann folgt Papiergeknister und ein vielstimmiges: „Oh, schön!“
Und während alle ihre Geschenke bewundern, klettert Mia auf ihr neues Dreirad. Nils schiebt. Die Erwachsenen trinken ein Glas Sekt. Nur die Schutzengel beobachten die Kinder mit Adleraugen.

Das Dreirad wird schneller. Mia steuert auf die Wohnzimmerwand zu! Im letzten Moment reißt Elias das Lenkrad herum!
„Gut gemacht“, freut sich Elfi.
Kurz darauf hat Mia gelernt, allein Dreirad zu fahren. Prompt strampelt sie rasend schnell auf den Tannenbaum zu, unter dem Nils liegt und mit seinen neuen Lego-Steinen spielt. Während Elfi sich bereits schützend vor Nils aufbaut, huscht Elias zur einen Oma und pustet ihr leicht in den Nacken.
„Huch, was war denn das?“, lacht sie, dreht sich um, sieht Mia, springt auf und bremst ihre Enkelin in letzter Sekunde ab.
Neugierig steht Nils auf, ohne darauf zu achten, dass er ja unter dem Weihnachtsbaum lag.
„Achtung, Baum fällt!“, kreischt Elfi. „Auf Miaaa!“
Jetzt breitet Elias schützend seine Flügel über Mia aus, während Elfi den Baum wieder aufrichtet.
Und mitten im Tumult verkündet die andere Oma: „He, ihr lärmende Bande. Jetzt probieren wir das neue Kasperletheater aus!“
Als alle zufrieden ein witziges Abenteuer vom Kasperle verfolgen, liegen Elias und Elfi erschöpft auf der Couch.
Plötzlich fängt Elias zu kichern an und flüstert Elfi zu: „Simon hat recht! Bei den Sternenputzern ist es wirklich schöööön langweilig!“

Als Mia und Nils am Abend endlich wieder in ihren Betten liegen und der Sandmann für angenehme Träume gesorgt hat, ist Elias – zu seinem eigenen Erstaunen – rundherum glücklich!

Er hockt sich neben Elfi auf die Wickelkommode und flüstert: „Als Schutzengel den Kindern zu helfen, hat riesigen Spaß gemacht! Und wie süß war das denn, als Mia beim Baden ‚Großer Vogel lieb' zu mir gesagt hat!"

Elias kichert und Elfi gähnt.

„Und wenn sich Simon gestresst fühlt", redet Elias weiter, „vertrete ich ihn gern. Bis zum nächsten Advent haben Weihnachtsengel totaaal viel Zeit! Vielleicht also … bis bald! Tschüss, Elfi!"

Pünktlich um Mitternacht trifft Elias im Himmel ein.

„Hervorragende Arbeit!", lobt Petrus. „Simon hat dir als Dankeschön einen Glücksstern mitgebracht. Mein versprochener Picknickkorb steht auf Wolke sieben. Marie wartet dort auf dich."

Glücklich saust Elias zur Wolke sieben, wo Marie ihn stürmisch umarmt. „Du warst echt Schutzengel?", ruft sie. „Elias, dass du das kannst! Also – ich finde dich klug und …"

„Halt, halt!", ruft Elias schmunzelnd. „Ich habe einfach bei meinen Abenteuern gelernt, dass ich alles kann, wenn ich es wirklich will – und mich ordentlich anstrenge!"

Marie strahlt. „Ich bin froh, dass du mein Freund bist! Das ist … wie ein Geschenk!"

Elias grinst breit. „Liebste Marie, das für mich weltbeste Geschenk bist seit Langem … du! Doch nun lass uns den Picknickkorb plündern! Mmmh, Schokoladenprinten, Marzipankugeln und ein Schokoengel! Der ist nur … für dich! Fröhliche Weihnachten!"

7